Výnimočné Dezerty

Najlepšie Recepty na Koláče a Torty

Irena Malíková

Index

Vianočný denník 11

Veľkonočný Karkulkový koláč 13

Veľkonočný koláč Simnel 15

12. nočný koláč 17

Jablkový koláč z mikrovlnky 18

Jablkový koláč z mikrovlnnej rúry 19

Mikrovlnná jablková orechová torta 20

Mrkvový koláč z mikrovlnnej rúry 21

Mikrovlnná torta s mrkvou, ananásom a orechmi 22

Otrubové koláčiky ochutené v mikrovlnnej rúre 24

Mikrovlnná torta s banánom a mučenkou 25

Pomarančový tvarohový koláč pečený v mikrovlnnej rúre 26

Ananásový tvarohový koláč v mikrovlnnej rúre 28

Chlieb do mikrovlnky s čerešňami a orechmi 29

Čokoládová torta z mikrovlnky 30

Čokoládová mandľová torta do mikrovlnnej rúry 31

Dvojité čokoládové brownies do mikrovlnnej rúry 33

Čokoládové tyčinky do mikrovlnnej rúry 34

Čokoládové štvorčeky do mikrovlnky 35

Rýchla kávová torta do mikrovlnnej rúry 36

Vianočná torta z mikrovlnky 37

Crumb Cake z mikrovlnnej rúry 39

Mikrovlnné dátumové tyčinky 40

Mikrovlnný figový chlieb 41

Mikrovlnné klapky ... 42

Ovocný koláč z mikrovlnky ... 43

Ovocie a kokosové štvorčeky do mikrovlnky ... 44

Fudge Cake do mikrovlnnej rúry ... 45

Medový chlieb do mikrovlnnej rúry ... 46

perníkové tyčinky vhodné do mikrovlnnej rúry ... 47

Zlatá torta z mikrovlnky ... 48

Medová a oriešková torta do mikrovlnnej rúry ... 49

Žuvacie müsli tyčinky do mikrovlnnej rúry ... 50

Orechový koláč z mikrovlnky ... 51

Pomarančový džúsový koláč z mikrovlnnej rúry ... 52

mikrovlnka pavlova ... 53

koláč z mikrovlnky ... 54

Jahodová torta z mikrovlnky ... 55

Mikrovlnná piškóta ... 56

Mikrovlnné tyče Sultana ... 57

Čokoládové sušienky do mikrovlnnej rúry ... 58

Kokosové sušienky do mikrovlnnej rúry ... 59

Mikrovlnné Florentínky ... 60

Lieskovo-oriešková čerešňové sušienky do mikrovlnnej rúry ... 61

Sultana sušienky do mikrovlnnej rúry ... 62

Banánový chlieb do mikrovlnnej rúry ... 63

Syrový chlieb do mikrovlnnej rúry ... 64

Orechový chlieb do mikrovlnnej rúry ... 65

Nepečená torta Amaretti ... 66

Americké chrumkavé ryžové tyčinky ... 67

damaškové štvorce ... 68

Švajčiarska damašková torta 69

Rozbité sušienky 70

Nepečený cmarový koláč 71

gaštanový plátok 72

Gaštanová piškóta 73

Čokoládové a mandľové tyčinky 75

Svieža čokoládová torta 76

Čokoládové štvorčeky 77

Čokoládová zmrzlinová torta 78

Čokoládový a ovocný koláč 79

Štvorčeky čokolády a zázvoru 80

Luxusné štvorčeky čokolády a zázvoru 81

Medové čokoládové sušienky 82

Čokoládová torta 83

dobré čokoládové tyčinky 84

Čokoládové pralinkové štvorčeky 85

Kokosové chrumky 86

Crunch tyčinky 87

Kokosové a hrozienkové lupienky 88

Káva s mliečnymi štvorčekmi 89

Nepečený ovocný koláč 90

ovocné štvorce 91

Praskanie ovocia a vlákniny 92

Nugátová torta 93

Štvorce mlieka a muškátového orieška 94

Müsli Crunch 96

Oranžové penové štvorčeky 97

arašidové štvorce 98

Mätové karamelové koláčiky 99

ryžové krekry 100

Toffette s ryžou a čokoládou 101

mandľová pasta 102

Mandľová pasta bez cukru 103

Kráľovská poleva 104

poleva bez cukru 105

fondánová poleva 106

Maslová poleva 107

Čokoládová poleva na pečivo 108

Maslová poleva z bielej čokolády 109

Kávová maslová poleva 110

Citrónová maslová poleva 111

Pomarančová maslová poleva 112

Smotanový tvarohový zmrzlinový koláč 113

pomarančová poleva 114

krémové koláče 115

dánske krémové torty 116

ovocné koláče 117

janovský koláč 119

perníkový koláč 120

Želé koláče 121

pekanový koláč 122

Pekanový a jablkový koláč 123

Gainsborough Tart 124

Citrónový koláč 125

citrónové tartaletky	126
pomarančový koláč	127
hruškový koláč	128
Hruška a mandľový koláč	129
Kráľovský hrozienkový koláč	131
Koláč s hrozienkami a kyslou smotanou	133
Jahodový koláč	134
melasový koláč	136
Koláč z orechov a melasy	137
Amish Shoo-muchá torta	138
bostonský pudingový plátok	139
Americká torta z bielej hory	140
Americký cmarový koláč	142
Karibský zázvorový rumový koláč	143
Sachertorte	144
Karibský rumový koláč	146
Dánsky maslový koláč	148
Dánsky kardamónový koláč	149
Gateau Pithiviers	150
Galette Des Rois	151
Karamelový krém	152
Gugelhopf	153
Luxusná čokoláda Gugelhopf	155
Ukradnutý	157
Mandľová štóla	159
Stollen z pistáciových orieškov	161
baklava	163

Maďarský stres víri 164

Panforte 166

Makarónová stužková torta 167

Taliansky ryžový koláč s Grand Marnier 168

Sicílska piškóta 169

Talianska torta Ricotta 171

Talianska torta Vermicelli 172

Taliansky koláč z orechov a mascarpone 173

Holandský jablkový koláč 174

Nórsky obyčajný koláč 175

Nórsky Kransekake 176

Portugalské kokosové koláče 177

Škandinávska torta Tosca 178

Hertzog cookies z Južnej Afriky 179

Baskická torta 179

Mandľový hranol a smotanový syr 182

Brána Čierneho lesa 184

Čokoládová a mandľová gâteau 185

Čokoládový cheesecake Gateau 186

Chocolate Fudge Gâteau 188

Carob Mint Gâteau 190

Dort s ľadovou kávou 191

Káva a orech Ring Gâteau 192

Čokoládové gâteau a dánsky puding 194

ovocný koláč 196

ovocný savarín 197

Perníková torta 199

Grape and Peach Gâteau 200

Lemon Gateau 202

Hnedá brána 203

millefeuille 205

Orange Gateau 206

Štvorvrstvová pomarančová marmeláda Gâteau 207

Pecan and Date Gateau 209

Gâteau zo sliviek a škorice 211

Prune Layer Gateau 212

torta s dúhovými pruhmi 214

Gateau St-Honoré 216

Strawberry Choux Gâteau 218

Vianočný denník

urob

3 vajcia

100 g / 4 oz / ½ šálky práškového cukru (veľmi jemný)

100 g / 4 oz / 1 šálka hladkej múky (univerzálne)

50 g / 2 oz / ½ šálky hladkej (polosladkej) čokolády, strúhanej

15 ml / 1 polievková lyžica horúcej vody

Rafinovaný (superjemný) cukor na laminovanie

Na polevu (polevu):

175 g / 6 oz / ¾ šálky masla alebo margarínu, zmäknutého

350 g / 12 uncí / 2 šálky práškového (cukrárskeho) cukru, preosiateho

30 ml / 2 polievkové lyžice teplej vody

30 ml / 2 polievkové lyžice kakaového prášku (nesladená čokoláda) Na ozdobu:

Listy cezmíny a drozdov (voliteľné)

V žiaruvzdornej miske umiestnenej nad panvicou s vriacou vodou vyšľaháme vajíčka s cukrom. Pokračujte v šľahaní, kým nie je zmes pevná a šľahač uvoľnite na pásiky. Odstráňte z tepla a šľahajte, kým nevychladne. Múku preložíme na polovicu, potom čokoládu, zvyšnú múku a pridáme vodu. Preložíme do vymastenej a vystlanej švajčiarskej formy (želatínovej formy) a pečieme v predhriatej rúre pri teplote 220 °C / 425 °F / plyn 7 asi 10 minút, kým nebude na dotyk pevná. Posypte veľký list pergamenového (voskovaného) papiera práškovým cukrom. Tortu otočte a položte na papier a orežte okraje. Prikryjeme ďalším listom papiera a zľahka zvinieme pozdĺž krátkeho okraja.

Na prípravu polevy vyšľaháme maslo alebo margarín s práškovým cukrom a pridáme vodu a kakao. Vychladnutý koláč rozvinieme, odstránime papier a koláč potrieme polovicou polevy. Znova zrolujte a zľadujte so zvyšnou polevou, napichnite vidličkou tak, aby pripomínala poleno. Na vrch preosejeme trochu práškového cukru a ozdobíme podľa ľubovôle.

Veľkonočný Karkulkový koláč

Urobí tortu 20 cm / 8

75 g / 3 oz / 1/3 šálky muscovado cukru

3 vajcia

75 g / 3 unce / ¾ šálky samokysnúcej múky (samokysnúca)

15 ml / 1 polievková lyžica kakaového prášku (čokoláda bez cukru).

15 ml / 1 polievková lyžica teplej vody

Na náplň:

50 g / 2 oz / ¼ šálky masla alebo margarínu, zmäkčeného

75 g / 3 unce / ½ šálky práškového (cukrárskeho) cukru, preosiateho

Na strechu:

100 g / 4 oz / 1 šálka hladkej čokolády (polosladkej)

25 g / 1 oz / 2 lyžice masla alebo margarínu

Stuha alebo cukrové kvety (voliteľné)

Cukor a vajcia vyšľaháme v žiaruvzdornej miske nad hrncom s vriacou vodou. Pokračujte v šľahaní, kým nie je zmes hustá a krémová. Nechajte niekoľko minút postáť, odstavte z ohňa a znova šľahajte, kým zmes nezanechá stopu po vybratí metly. Zmiešame múku a kakao a pridáme vodu. Zmes vylejeme do vymastenej a vysypanej tortovej formy 20 cm / 8 (pekáč) a vymastenej a vysypanej 15 cm / 6 do tortovej formy. Pečte v predhriatej rúre pri 200 °C/400 °F/plyn značka 6 15–20 minút, kým dobre nevykysnú a nebudú na dotyk pevné. Necháme vychladnúť na mriežke.

Na prípravu plnky vyšľaháme margarín s práškovým cukrom. Použite na položenie menšieho koláča na väčší.

Ak chcete pripraviť polevu, rozpustite čokoládu a maslo alebo margarín v žiaruvzdornej miske umiestnenej nad panvicou s vriacou vodou. Polevu natrieme na koláč a rozotrieme nožom namočeným v horúcej vode tak, aby bol celý zakrytý. Ozdobte okraj stuhou alebo cukrovými kvetmi.

Veľkonočný koláč Simnel

Urobí tortu 20 cm / 8

225 g / 8 oz / 1 šálka masla alebo margarínu, zmäknutého

225 g / 8 uncí / 1 šálka mäkkého hnedého cukru

Nastrúhaná kôra z 1 citróna

4 rozšľahané vajcia

225 g / 8 uncí / 2 šálky hladkej múky (univerzálne)

5 ml / 1 ČL prášku do pečiva

2,5 ml / ½ lyžičky strúhaného muškátového orieška

50 g / 2 oz / ½ šálky kukuričnej múky (kukuričný škrob)

100 g / 4 oz / 2/3 šálky sultánky (zlaté hrozienka)

100 g / 4 oz / 2/3 šálky hrozienok

75 g / 3 oz / ½ šálky ríbezlí

100 g / 4 oz / ½ šálky glazovaných (kandizovaných) čerešní, nasekaných

25 g / 1 oz / ¼ šálky mletých mandlí

450 g / 1 lb mandľovej pasty

30 ml / 2 lyžice marhuľového džemu (konzerva)

1 vyšľahaný vaječný bielok

Maslo alebo margarín, cukor a citrónovú kôru vyšľaháme do svetlej a nadýchanej hmoty. Postupne zašľaháme vajcia a potom pridáme múku, prášok do pečiva, muškátový oriešok a maizenu. Pridajte ovocie a mandle. Polovicu zmesi vylejeme do vymastenej a vysypanej tortovej formy s priemerom 20 cm / 8. Polovicu mandľového cesta rozvaľkáme na kruh veľkosti torty a uložíme na vrch zmesi. Naplňte zvyšnou zmesou a pečte v predhriatej rúre na 160 °C / 325 °F / plynová značka 3 2–2½ hodiny do zlatista. Necháme vo forme vychladnúť. Keď vychladne, odformujte a zabaľte do pergamenového papiera (voskovaného). Ak je to možné, skladujte vo vzduchotesnej nádobe až tri týždne, aby dozrel.

Na dokončenie koláča potrieme vrch džemom. Tri štvrtiny zvyšného mandľového cesta rozvaľkajte na kruh 20 cm / 8, okraje orežte a položte na vrch koláča. Zostávajúcu mandľovú pastu rozvaľkajte na 11 guľôčok (aby predstavovali učeníkov bez Judáša). Vrch torty potrieme rozšľahaným bielkom a po okrajoch torty poukladáme guľky a potrieme bielkom. Umiestnite pod rozpálený gril (brojler) asi na minútu, aby jemne zhnedol.

12. nočný koláč

Urobí tortu 20 cm / 8

225 g / 8 oz / 1 šálka masla alebo margarínu, zmäknutého

225 g / 8 uncí / 1 šálka mäkkého hnedého cukru

4 rozšľahané vajcia

225 g / 8 uncí / 2 šálky hladkej múky (univerzálne)

5 ml / 1 ČL mletého korenia (jablkový koláč)

175 g / 6 uncí / 1 šálka sultánky (zlaté hrozienka)

100 g / 4 oz / 2/3 šálky hrozienok

75 g / 3 oz / ½ šálky ríbezlí

50 g / 2 oz / ¼ šálky glazúrovaných čerešní (kandizovaných)

50 g / 2 oz / 1/3 šálky nasekanej zmiešanej kôry (kandizovaná)

30 ml / 2 polievkové lyžice mlieka

12 sviečok na ozdobenie

Maslo alebo margarín a cukor vyšľaháme do svetlej a nadýchanej hmoty. Postupne zašľaháme vajcia, potom pridáme múku, zmiešané korenie, ovocie a šupky a vymiešame do hladka, v prípade potreby pridáme trochu mlieka, aby sme získali hladkú zmes. Preložíme do vymastenej formy 20 cm / 8 vymastenej a vystlanej lyžicou a pečieme v predhriatej rúre pri teplote 180 °C / 350 °F / plyn 4 počas 2 hodín, kým špáradlo zapichnuté do stredu nevyjde čisté. Ísť von

Jablkový koláč z mikrovlnky

Vytvára štvorec 23 cm / 9

100 g / 4 oz / ½ šálky masla alebo margarínu, zmäknutého

100 g / 4 oz / ½ šálky mäkkého hnedého cukru

30 ml / 2 polievkové lyžice zlatého sirupu (svetlá kukurica)

2 vajcia, zľahka rozšľahané

225 g / 8 uncí / 2 šálky samokysnúcej múky (samokysnúca)

10 ml / 2 ČL mletého korenia (jablkový koláč)

120 ml / 4 fl oz / ½ šálky mlieka

2 varené jablká (koláče), ošúpané, zbavené jadrovníkov a nakrájané na tenké plátky

15 ml / 1 polievková lyžica krupicového cukru (veľmi jemný)

5 ml / 1 ČL škoricového prášku

Maslo alebo margarín, hnedý cukor a sirup vyšľaháme, kým nebudú svetlé a nadýchané. Po troškách pridávame vajíčka. Vmiešajte múku a koreniny zmiešané spolu, potom pridajte mlieko do hladka. Zbierajte jablká. Nalejte do vymastenej a vystlanej kruhovej mikrovlnnej formy s priemerom 23 cm/9 základňou (rúrka) a vložte do mikrovlnnej rúry na Medium 12 minút, kým nebude pevná. Necháme 5 minút postáť, potom otočíme hore dnom a posypeme práškovým cukrom a škoricou.

Jablkový koláč z mikrovlnnej rúry

Urobí tortu 20 cm / 8

100 g / 4 oz / ½ šálky masla alebo margarínu, zmäknutého

175 g / 6 oz / ¾ šálky mäkkého hnedého cukru

1 vajce, zľahka rozšľahané

175 g / 6 uncí / 1 ½ šálky hladkej múky (univerzálne)

2,5 ml / ½ lyžičky prášku do pečiva

Trochu soli

2,5 ml / ½ ČL mletého nového korenia

1,5 ml / ¼ lyžičky strúhaného muškátového orieška

1,5 ml / ¼ lyžičky mletých klinčekov

300 ml / ½ pt / 1¼ šálky nesladenej jablkovej omáčky (omáčky)

75 g / 3 oz / ½ šálky hrozienok

práškový cukor na posypanie

Maslo alebo margarín a hnedý cukor vyšľaháme do svetlej a nadýchanej hmoty. Pomaly pridajte vajíčko a striedavo s jablkovým pyré a hrozienkami pridajte múku, prášok do pečiva, soľ a korenie. Preneste do vymastenej a múkou vysypanej naberačky s priemerom 20 cm/8 na štvorcovom tanieri do mikrovlnnej rúry a pri vysokej teplote 12 minút. Necháme vychladnúť na plechu, nakrájame na štvorce a posypeme práškovým cukrom.

Mikrovlnná jablková orechová torta

Urobí tortu 20 cm / 8

175 g / 6 oz / ¾ šálky masla alebo margarínu, zmäknutého

100 g / 4 oz / ½ šálky práškového cukru (veľmi jemný)

3 vajcia, zľahka rozšľahané

30 ml / 2 polievkové lyžice zlatého sirupu (svetlá kukurica)

Nastrúhaná kôra a šťava z 1 citróna

175 g / 6 uncí / 1 ½ šálky samokysnúcej múky

50 g / 2 oz / ½ šálky vlašských orechov, nasekaných

1 konzumné (dezertné) jablko, ošúpané, zbavené jadier a nakrájané

100 g / 4 oz / 2/3 šálky práškového cukru (cukrovinky)

30 ml / 2 polievkové lyžice citrónovej šťavy

15 ml / 1 polievková lyžica vody

Polovičky orechov na ozdobenie

Maslo alebo margarín a práškový cukor vyšľaháme do svetlej a nadýchanej hmoty. Postupne pridávame vajcia, potom sirup, citrónovú kôru a šťavu. Pridáme múku, nasekané vlašské orechy a jablko. Nalejte do vymastenej mikrovlnnej nádoby s priemerom 20 cm / 8 a vložte do mikrovlnnej rúry na 4 minúty pri vysokej teplote. Vyberte z rúry a prikryte hliníkovou fóliou. Necháme vychladnúť. Práškový cukor zmiešame s citrónovou šťavou a dostatočným množstvom vody, aby vznikla hladká poleva (poleva). Natrieme na koláč a ozdobíme polovicami vlašských orechov.

Mrkvový koláč z mikrovlnnej rúry

Urobí tortu 18 cm / 7

100 g / 4 oz / ½ šálky masla alebo margarínu, zmäknutého

100 g / 4 oz / ½ šálky mäkkého hnedého cukru

2 rozšľahané vajcia

Nastrúhaná kôra a šťava z 1 pomaranča

2,5 ml / ½ lyžičky škoricového prášku

Štipka strúhaného muškátového orieška

100 g / 4 oz mrkva, strúhaná

100 g / 4 oz / 1 šálka samokysnúcej múky (samokysnúca)

25 g / 1 oz / ¼ šálky mletých mandlí

25 g / 1 oz / 2 polievkové lyžice práškového cukru (veľmi jemný)

Na strechu:

100 g / 4 oz / ½ šálky smotanového syra

50 g / 2 oz / 1/3 šálky práškového cukru, preosiateho

30 ml / 2 polievkové lyžice citrónovej šťavy

Maslo a cukor vyšľaháme do svetlej a nadýchanej hmoty. Postupne pridajte vajcia, potom pridajte pomarančovú šťavu a kôru, korenie a mrkvu. Zmiešame múku, mandle a cukor. Vylejeme do vymastenej a vysypanej tortovej formy s priemerom 18 cm / 7 a prikryjeme plastovou fóliou (igelitom). Mikrovlnná rúra na vysokej úrovni po dobu 8 minút, kým špíz zapichnutý do stredu nevyjde čistý. Odstráňte plastovú fóliu a nechajte 8 minút odstáť pred umiestnením na mriežku, aby sa dokončilo chladenie. Suroviny na polevu rozšľaháme a natrieme na vychladnutý koláč.

Mikrovlnná torta s mrkvou, ananásom a orechmi

Urobí tortu 20 cm / 8

225 g / 8 uncí / 1 šálka práškového cukru (veľmi jemný)

2 vajcia

120 ml / 4 fl oz / ½ šálky oleja

1,5 ml / ¼ lyžičky soli

5 ml / 1 ČL sódy bikarbóny (jedlej sódy)

100 g / 4 oz / 1 šálka samokysnúcej múky (samokysnúca)

5 ml / 1 ČL škoricového prášku

175g / 6oz mrkva, strúhaná

75 g / 3 oz / ¾ šálky vlašských orechov, nasekaných

225 g / 8 oz drveného ananásu so šťavou

Na polevu (polevu):

15 g / ½ unce / 1 polievková lyžica masla alebo margarínu

50 g / 2 oz / ¼ šálky smotanového syra

10 ml / 2 čajové lyžičky citrónovej šťavy

Práškový cukor, preosiaty

Veľkú kruhovú formu (tvar rúrky) vysteľte papierom na pečenie. Cukor, vajcia a olej vyšľaháme. Jemne vmiešajte suché ingrediencie, kým sa dobre nespoja. Pridajte zvyšné ingrediencie na koláč. Nalejte zmes do pripravenej panvice, položte ju na mriežku alebo prevrátený tanier a vložte do mikrovlnnej rúry na 13 minút alebo do stuhnutia. Necháme 5 minút odležať a potom vložíme do rúry vychladnúť.

Medzitým si pripravíme polevu. Vložte maslo alebo margarín, smotanový syr a citrónovú šťavu do misky a vložte do mikrovlnnej rúry na 30–40 sekúnd. Postupne pridajte toľko krupicového cukru, aby ste získali hustú konzistenciu a šľahajte do krémova. Keď koláč vychladne, natrieme ho na polevu.

Otrubové koláčiky ochutené v mikrovlnnej rúre

pred 15 rokmi

75 g / 3 oz / ¾ šálky Všetky otruby obilnín

250 ml / 8 fl oz / 1 šálka mlieka

175 g / 6 uncí / 1 ½ šálky hladkej múky (univerzálne)

75 g / 3 oz / 1/3 šálky práškového cukru (veľmi jemný)

10 ml / 2 ČL prášku do pečiva

10 ml / 2 ČL mletého korenia (jablkový koláč)

Trochu soli

60 ml / 4 polievkové lyžice zlatého sirupu (svetlá kukurica)

45 ml / 3 polievkové lyžice oleja

1 vajce, zľahka rozšľahané

75 g / 3 oz / ½ šálky hrozienok

15 ml / 1 polievková lyžica strúhanej pomarančovej kôry

Namočte cereálie do mlieka na 10 minút. Múku, cukor, prášok do pečiva, korenie a soľ zmiešame a vmiešame do cereálií. Pridajte sirup, olivový olej, vajíčko, hrozienka a pomarančovú kôru. Nalejte do papierových košíčkov (papiere na košíčky) a päť koláčov naraz vložte do mikrovlnnej rúry na 4 minúty. Opakujte pre zostávajúce koláče.

Mikrovlnná torta s banánom a mučenkou

Urobí tortu 23 cm / 9

100 g / 4 oz / ½ šálky rozpusteného masla alebo margarínu

175 g / 6 uncí / 1 ½ šálky perníkových omrviniek (sušienka)

250 g / 9 oz / 1 šálka veľkorysého smotanového syra

175 ml / 6 fl oz / ¾ šálky kyslej smotany (kyselina mliečna)

2 vajcia, zľahka rozšľahané

100 g / 4 oz / ½ šálky práškového cukru (veľmi jemný)

Nastrúhaná kôra a šťava z 1 citróna

150 ml / ¼ pt / 2/3 šálky hustej smotany

1 banán, nakrájaný na plátky

1 nasekaná maracuja

Zmiešajte maslo alebo margarín a strúhanku zo sušienok a natlačte na dno a boky 23 cm / 9 cm placky vhodnej do mikrovlnnej rúry. Mikrovlnná rúra na vysokej úrovni po dobu 1 minúty. Necháme vychladnúť.

> Smotanový syr a smotanu vyšľaháme do hladka, potom pridáme vajcia, cukor, citrónovú šťavu a kôru. Rozotrite na základňu a rovnomerne rozotrite. Varte na strednom stupni 8 minút. Necháme vychladnúť.

Smotanu vyšľaháme dotuha a rozotrieme po forme. Obložíme plátkami banánu a obložíme dužinou z marakuje.

Pomarančový tvarohový koláč pečený v mikrovlnnej rúre

Urobí tortu 20 cm / 8

50 g / 2 oz / ¼ šálky masla alebo margarínu

12 tráviacich sušienok (Grahamových sušienok), rozdrvených

100 g / 4 oz / ½ šálky práškového cukru (veľmi jemný)

225 g / 8 uncí / 1 šálka smotanového syra

2 vajcia

30 ml / 2 polievkové lyžice koncentrovanej pomarančovej šťavy

15 ml / 1 polievková lyžica citrónovej šťavy

150 ml / ¼ pt / 2/3 šálky kyslej smotany (kyselina mliečna)

Trochu soli

1 pomaranč

30 ml / 2 lyžice marhuľového džemu (konzerva)

150 ml / ¼ pt / 2/3 šálky dvojitej smotany (ťažkej)

Maslo alebo margarín rozpustite v 20 cm / 8 mikrovlnnej panvici na puding pri vysokom výkone po dobu 1 minúty. Zmiešajte sušienky a 25 g / 1 oz / 2 polievkové lyžice cukru a pritlačte na dno a boky misky. Syr vyšľaháme so zvyšným cukrom a vajíčkami, potom pridáme pomarančovú a citrónovú šťavu, smotanu a soľ. Vložte do formy (ošúpte) a vložte do mikrovlnnej rúry na 2 minúty. Nechajte 2 minúty postáť a potom ďalšie 2 minúty pri vysokej teplote. Nechajte 1 minútu postáť a potom 1 minútu pri vysokej teplote. Necháme vychladnúť.

Ošúpte pomaranč a ostrým nožom odstráňte segmenty membrány. Džem rozpustíme a natrieme na tvarohový koláč. Smotanu vyšľaháme trubičkou okolo okraja cheesecaku a ozdobíme plátkami pomaranča.

Ananásový tvarohový koláč v mikrovlnnej rúre

Urobí tortu 23 cm / 9

100 g / 4 oz / ½ šálky rozpusteného masla alebo margarínu

175 g / 6 uncí / 1 ½ šálky strúhanky na tráviace sušienky (Grahamové sušienky)

250 g / 9 oz / 1 šálka veľkorysého smotanového syra

2 vajcia, zľahka rozšľahané

5 ml / 1 ČL strúhanej citrónovej kôry

30 ml / 2 polievkové lyžice citrónovej šťavy

75 g / 3 oz / 1/3 šálky práškového cukru (veľmi jemný)

400 g / 14 oz / 1 veľká konzerva ananásu, scedený a rozdrvený

150 ml / ¼ pt / 2/3 šálky dvojitej smotany (ťažkej)

Zmiešajte maslo alebo margarín a strúhanku zo sušienok a natlačte na dno a boky 23 cm / 9 cm placky vhodnej do mikrovlnnej rúry. Mikrovlnná rúra na vysokej úrovni po dobu 1 minúty. Necháme vychladnúť.

Smotanový syr, vajcia, citrónovú kôru, šťavu a cukor vyšľaháme do hladka. Pridajte ananás a položte ho na základňu. Mikrovlnná rúra na strednom stupni po dobu 6 minút, kým nebude pevná. Necháme vychladnúť.

Smotanu vyšľaháme dotuha, potom nalejeme na tvarohový koláč.

Chlieb do mikrovlnky s čerešňami a orechmi

Urobí 900 g / 2 lb bochník

175 g / 6 oz / ¾ šálky masla alebo margarínu, zmäknutého

175 g / 6 oz / ¾ šálky mäkkého hnedého cukru

3 rozšľahané vajcia

225 g / 8 uncí / 2 šálky hladkej múky (univerzálne)

10 ml / 2 ČL prášku do pečiva

Trochu soli

45 ml / 3 polievkové lyžice mlieka

75 g / 3 oz / 1/3 šálky glazúrovaných čerešní (kandizovaných)

75 g / 3 oz / ¾ šálky nasekaných zmiešaných orechov

25 g / 1 oz / 3 lyžice práškového (cukrárskeho) cukru, preosiateho

Maslo alebo margarín a hnedý cukor vyšľaháme do svetlej a nadýchanej hmoty. Postupne zašľaháme vajcia, potom pridáme múku, prášok do pečiva a soľ. Vmiešajte toľko mlieka, aby ste dosiahli hladkú konzistenciu, potom pridajte čerešne a vlašské orechy. Nalejte do vymastenej a vystlanej tortovej formy s hmotnosťou 900 g / 2 lb a posypte cukrom. Mikrovlnná rúra na vysokej úrovni po dobu 7 minút. Nechajte 5 minút postáť a potom položte na mriežku, aby ste dokončili chladenie.

Čokoládová torta z mikrovlnky

Urobí tortu 18 cm / 7

225 g / 8 oz / 1 šálka masla alebo margarínu, zmäknutého

175 g / 6 oz / ¾ šálky práškového cukru (veľmi jemného)

150 g / 5 uncí / 1 ¼ šálky samokysnúcej múky (samokysnúca)

50 g / 2 oz / ¼ šálky kakaového (nesladeného čokoládového) prášku

5 ml / 1 ČL prášku do pečiva

3 rozšľahané vajcia

45 ml / 3 polievkové lyžice mlieka

Všetky ingrediencie zmiešame a vložíme do vymastenej a vystlanej misky s priemerom 18 cm / 7 cm vhodnej do mikrovlnnej rúry. Mikrovlnná rúra na vysokej úrovni po dobu 9 minút, kým nebude pevná na dotyk. Ochlaďte na panvici 5 minút a potom položte na mriežku, aby sa chladenie dokončilo.

Čokoládová mandľová torta do mikrovlnnej rúry

Urobí tortu 20 cm / 8

Na tortu:

100 g / 4 oz / ½ šálky masla alebo margarínu, zmäknutého

100 g / 4 oz / ½ šálky práškového cukru (veľmi jemný)

2 vajcia, zľahka rozšľahané

100 g / 4 oz / 1 šálka samokysnúcej múky (samokysnúca)

50 g / 2 oz / ½ šálky kakaového (nesladeného čokoládového) prášku

50 g / 2 oz / ½ šálky mletých mandlí

150 ml / ¼ pt / 2/3 šálky mlieka

60 ml / 4 polievkové lyžice zlatého sirupu (svetlá kukurica)

Na polevu (polevu):

100 g / 4 oz / 1 šálka hladkej čokolády (polosladkej)

25 g / 1 oz / 2 lyžice masla alebo margarínu

8 celých mandlí

Na prípravu koláča vyšľahajte maslo alebo margarín s cukrom, kým nebude svetlý a nadýchaný. Postupne zašľaháme vajcia, potom pridáme múku a kakao a následne mleté mandle. Pridajte mlieko a sirup a šľahajte, kým nezískate ľahký a nadýchaný krém. Preneste do 20 cm / 8 mikrovlnnej misky vystlanej plastovou fóliou (plastovou fóliou) a vložte do mikrovlnnej rúry na 4 minúty pri vysokej teplote. Vyberte z rúry, prikryte hliníkovou fóliou a nechajte mierne vychladnúť, potom vložte do rúry na dochladenie.

Na prípravu polevy roztopte čokoládu a maslo alebo margarín na 2 minúty. Dobre prešľahajte. Rozpolené mandle namáčame v čokoláde a necháme odpočívať na pergamenovom (voskovanom)

papieri. Tortu polejeme zvyšnou polevou a rozotrieme na vrch a boky. Ozdobíme mandľami a necháme stuhnúť.

Dvojité čokoládové brownies do mikrovlnnej rúry

robí 8

150 g / 5 oz / 1 ¼ šálky hladkej (polosladkej) čokolády, nahrubo nasekanej

75 g / 3 oz / 1/3 šálky masla alebo margarínu

175 g / 6 oz / ¾ šálky mäkkého hnedého cukru

2 vajcia, zľahka rozšľahané

150 g / 5 uncí / 1 ¼ šálky hladkej múky (univerzálne)

2,5 ml / ½ lyžičky prášku do pečiva

2,5 ml / ½ ČL vanilkovej esencie (extrakt)

30 ml / 2 polievkové lyžice mlieka

Roztopte 50 g / 2 oz / ½ šálky čokolády s maslom alebo margarínom na 2 minúty. Pridajte cukor a vajcia, pridajte múku, droždie, vanilkovú esenciu a mlieko, až kým nebude hladká. Preneste do vymastenej misky s priemerom 20 cm/8 v štvorcovej nádobe vhodnej do mikrovlnnej rúry a 7 minút pri vysokej teplote. Necháme 10 minút vychladnúť na tanieri. Zvyšnú čokoládu roztopte na 1 minútu, rozotrite na vrch koláča a nechajte vychladnúť. Nakrájajte na štvorce.

Čokoládové tyčinky do mikrovlnnej rúry

robí 8

50 g / 2 oz / 1/3 šálky vykôstkovaných datlí, nasekaných

60 ml / 4 polievkové lyžice vriacej vody

65 g / 2½ unce / 1/3 šálky masla alebo margarínu, zmäknutého

225 g / 8 uncí / 1 šálka práškového cukru (veľmi jemný)

1 vajce

100 g / 4 oz / 1 šálka hladkej múky (univerzálne)

10 ml / 2 ČL kakaového (nesladeného čokoládového) prášku

2,5 ml / ½ lyžičky prášku do pečiva

Trochu soli

25 g / 1 oz / ¼ šálky nasekaných zmiešaných orechov

100 g / 4 oz / 1 šálka hladkej (polosladkej) čokolády, jemne nasekanej

Datle zmiešame s vriacou vodou a necháme odstáť, kým nevychladnú. Maslo alebo margarín vyšľaháme s polovicou cukru do svetlej a nadýchanej hmoty. Postupne pridávame vajíčko a potom striedavo vmiešame múku, kakao, prášok do pečiva, soľ a datľovú zmes. Vylejeme do vymastenej a múkou vysypanej misky do mikrovlnky 20 cm / 8. Zvyšný cukor zmiešame s orechmi a čokoládou a posypeme navrch, zľahka pritlačíme. Mikrovlnná rúra na vysokej úrovni po dobu 8 minút. Pred krájaním na štvorce ho nechajte vychladnúť na tanieri.

Čokoládové štvorčeky do mikrovlnky

pred 16 rokmi

Na tortu:

50 g / 2 oz / ¼ šálky masla alebo margarínu

5 ml / 1 čajová lyžička práškového cukru (veľmi jemný)

75 g / 3 oz / ¾ šálky hladkej múky (univerzálne)

1 žĺtok

15 ml / 1 polievková lyžica vody

175 g / 6 oz / 1 ½ šálky hladkej (polosladkej) čokolády, strúhanej alebo nasekanej

Na strechu:

50 g / 2 oz / ¼ šálky masla alebo margarínu

50 g / 2 oz / ¼ šálky práškového cukru (veľmi jemný)

1 vajce

2,5 ml / ½ ČL vanilkovej esencie (extrakt)

100 g / 4 oz / 1 šálka vlašských orechov, nasekaných

Na prípravu koláča zmäknite maslo alebo margarín a pridajte cukor, múku, žĺtok a vodu. Zmes rovnomerne rozotrite do 20 cm/8 štvorcovej misky do mikrovlnnej rúry a 2 minúty zahrejte pri vysokej teplote. Posypte čokoládou a vložte do mikrovlnnej rúry na 1 minútu. Rovnomerne rozotrite na základňu a nechajte stuhnúť.

Ak chcete pripraviť polevu, vložte maslo alebo margarín do mikrovlnnej rúry na 30 sekúnd. Pridáme zvyšné ingrediencie na polevu a natrieme na čokoládu. Mikrovlnná rúra na vysokej úrovni po dobu 5 minút. Necháme vychladnúť a nakrájame na štvorce.

Rýchla kávová torta do mikrovlnnej rúry

Vytvára 19 cm / 7 v torte

Na tortu:

225 g / 8 oz / 1 šálka masla alebo margarínu, zmäknutého

225 g / 8 uncí / 1 šálka práškového cukru (veľmi jemný)

225 g / 8 uncí / 2 šálky samokysnúcej múky (samokysnúca)

5 vajec

45 ml / 3 polievkové lyžice kávovej esencie (extrakt)

Na polevu (polevu):

30 ml / 2 polievkové lyžice kávovej esencie (extrakt)

175 g / 6 oz / ¾ šálky masla alebo margarínu

Práškový cukor, preosiaty

Polovičky orechov na ozdobenie

Zmiešajte všetky zložky koláča, kým sa dobre nezmiešajú. Rozdeľte medzi dve 19 cm / 7 tortové formy vhodné do mikrovlnnej rúry a každú varte na vysokej úrovni 5–6 minút. Vyberte z mikrovlnnej rúry a nechajte vychladnúť.

Suroviny na polevu zmiešame, dosladíme podľa chuti práškovým cukrom. Keď vychladnú, obložte koláčiky polovicou polevy a zvyškom natrite navrch. Ozdobte polovicami vlašských orechov.

Vianočná torta z mikrovlnky

Urobí tortu 23 cm / 9

150 g / 5 oz / 2/3 šálky masla alebo margarínu, zmäknutého

150 g / 5 uncí / 2/3 šálky mäkkého hnedého cukru

3 vajcia

30 ml / 2 polievkové lyžice čiernej melasy (melasy)

225 g / 8 uncí / 2 šálky samokysnúcej múky (samokysnúca)

10 ml / 2 ČL mletého korenia (jablkový koláč)

2,5 ml / ½ lyžičky strúhaného muškátového orieška

2,5 ml / ½ lyžičky sódy bikarbóny (jedlej sódy)

450 g / 1 lb / 22/3 šálky zmiešaného sušeného ovocia (mix na ovocný koláč)

50 g / 2 oz / ¼ šálky glazúrovaných čerešní (kandizovaných)

50 g / 2 oz / 1/3 šálky nasekanej zmiešanej kôry

50 g / 2 oz / ½ šálky nasekaných zmiešaných orechov

30 ml / 2 polievkové lyžice brandy

Ďalšie brandy na zrenie koláča (voliteľné)

Maslo alebo margarín a cukor vyšľaháme do svetlej a nadýchanej hmoty. Postupne zašľaháme vajcia a melasu, potom pridáme múku, korenie a sódu bikarbónu. Jemne vmiešajte ovocie, šupky a orechy a potom pridajte brandy. Preneste na podložku 23 cm / 9 lyžíc na tanier vhodný do mikrovlnnej rúry a vložte do mikrovlnnej rúry na 45–60 minút. Ochlaďte na panvici 15 minút pred prenesením na mriežku, aby ste dokončili chladenie.

Vychladnutý koláč zabaľte do fólie a uložte na 2 týždne na chladné a tmavé miesto. Ak chcete, vrch koláča niekoľkokrát prepichnite tenkou špajdľou a posypte trochou brandy, potom koláč zabaľte a uložte. Môžete to urobiť niekoľkokrát, aby ste vytvorili bohatší koláč.

Crumb Cake z mikrovlnnej rúry

Urobí tortu 20 cm / 8

300 g / 10 oz / 1 ¼ šálky práškového cukru (veľmi jemný)

225 g / 8 uncí / 2 šálky hladkej múky (univerzálne)

10 ml / 2 ČL prášku do pečiva

5 ml / 1 ČL škoricového prášku

100 g / 4 oz / ½ šálky masla alebo margarínu, zmäknutého

2 vajcia, zľahka rozšľahané

100 ml / 3½ fl oz / 6½ lyžice mlieka

Zmiešame cukor, múku, prášok do pečiva a škoricu. Pridajte maslo alebo margarín a odložte si štvrtinu zmesi. Vajcia a mlieko vyšľaháme a vmiešame do väčšej časti tortovej zmesi. Zmes vylejeme do vymastenej a múkou vysypanej nádoby do mikrovlnky 20 cm / 8 a posypeme odloženou strúhankou. Mikrovlnná rúra na vysokej úrovni po dobu 10 minút. Necháme vychladnúť na tanieri.

Mikrovlnné dátumové tyčinky

pred 12 rokmi

150 g / 5 uncí / 1 ¼ šálky samokysnúcej múky

175 g / 6 oz / ¾ šálky práškového cukru (veľmi jemného)

100 g / 4 oz / 1 šálka sušeného kokosu (strúhaného)

100 g / 4 unce / 2/3 šálky vykôstkovaných datlí (vykôstkovaných), nasekaných

50 g / 2 oz / ½ šálky nasekaných zmiešaných orechov

100 g / 4 oz / ½ šálky rozpusteného masla alebo margarínu

1 vajce, zľahka rozšľahané

práškový cukor na posypanie

Zmiešajte suché prísady. Pridajte maslo alebo margarín a vajce a miešajte, kým nezískate tuhé cesto. Zatlačte do základne 20 cm / 8 štvorcových mikrovlnných nádob a mikrovlnnej rúry na Medium po dobu 8 minút, kým nie sú pevné. Nechajte na plechu 10 minút, nakrájajte na tyčinky a položte na mriežku, aby ste dokončili chladenie.

Mikrovlnný figový chlieb

Urobí 675 g / 1½ lb bochník

100 g / 4 unce / 2 šálky otrúb

50 g / 2 oz / ¼ šálky mäkkého hnedého cukru

45 ml / 3 lyžice čistého medu

100 g / 4 oz / 2/3 šálky sušených fíg, nasekaných

50 g / 2 oz / ½ šálky lieskových orechov, nasekaných

300 ml / ½ pt / 1¼ šálky mlieka

100 g / 4 oz / 1 šálka celozrnnej múky (celozrnnej)

10 ml / 2 ČL prášku do pečiva

Trochu soli

Všetky ingrediencie zmiešame, kým nám nevznikne tuhé cesto. Vytvarujte do misky na bochník vhodný do mikrovlnnej rúry a zarovnajte povrch. Varte na vysokej teplote 7 minút. Nechajte 10 minút vychladnúť na panvici a potom vložte do rúry na dochladenie.

Mikrovlnné klapky

pred 24 rokmi

175 g / 6 oz / ¾ šálky masla alebo margarínu, zmäknutého

50 g / 2 oz / ¼ šálky práškového cukru (veľmi jemný)

50 g / 2 oz / ¼ šálky mäkkého hnedého cukru

90 ml / 6 lyžíc zlatého sirupu (svetlá kukurica)

Trochu soli

275 g / 10 uncí / 2 ½ šálky ovsených vločiek

Zmiešajte maslo alebo margarín a cukry vo veľkej mise a varte na vysokej teplote 1 minútu. Pridajte zvyšné ingrediencie a dobre premiešajte. Zmes nalejte do vymastenej misky 18 cm / 7 cm vhodnej do mikrovlnnej rúry a zľahka zatlačte. Varte na vysokej teplote 5 minút. Necháme mierne vychladnúť a nakrájame na štvorce.

Ovocný koláč z mikrovlnky

Urobí tortu 18 cm / 7

175 g / 6 oz / ¾ šálky masla alebo margarínu, zmäknutého

175 g / 6 oz / ¾ šálky práškového cukru (veľmi jemného)

Nastrúhaná kôra z 1 citróna

3 rozšľahané vajcia

225 g / 8 uncí / 2 šálky hladkej múky (univerzálne)

5 ml / 1 ČL mletého korenia (jablkový koláč)

225 g / 8 uncí / 11/3 šálky hrozienok

225 g / 8 oz / 11/3 šálky sultánky (zlaté hrozienka)

50 g / 2 oz / ¼ šálky glazúrovaných čerešní (kandizovaných)

50 g / 2 oz / ½ šálky nasekaných zmiešaných orechov

15 ml / 1 polievková lyžica zlatého sirupu (svetlá kukurica)

45 ml / 3 lyžice brandy

Maslo alebo margarín a cukor vyšľaháme do svetlej a nadýchanej hmoty. Pridáme citrónovú kôru a pomaly zašľaháme vajíčka. Vmiešame múku a koreniny, potom vmiešame zvyšné ingrediencie. Nalejte do vymastenej a vystlanej misky s priemerom 18 cm / 7 cm v okrúhlej nádobe na mikrovlnnú rúru a v mikrovlnnej rúre na nízkej teplote po dobu 35 minút, kým špajľa zapichnutá do stredu nevyjde čistá. Nechajte 10 minút vychladnúť na panvici a potom vložte do rúry na dochladenie.

Ovocie a kokosové štvorčeky do mikrovlnky

robí 8

50 g / 2 oz / ¼ šálky masla alebo margarínu

9 tráviacich sušienok (grahamových sušienok), rozdrvených

50 g / 2 oz / ½ šálky sušeného kokosu (strúhaného)

100 g / 4 oz / 2/3 šálky nasekanej zmiešanej kôry (kandizované)

50 g / 2 oz / 1/3 šálky vykôstkovaných datlí, nasekaných

15 ml / 1 polievková lyžica hladkej múky (univerzálnej)

25 g / 1 oz / 2 lyžice glazovaných (kandizovaných) čerešní, nasekaných

100 g / 4 oz / 1 šálka vlašských orechov, nasekaných

150 ml / ¼ pt / 2/3 šálky kondenzovaného mlieka

Maslo alebo margarín roztopte v 20 cm/8 štvorcovej nádobe do mikrovlnnej rúry pri vysokej teplote po dobu 40 sekúnd. Vmiešajte sušienky a rovnomerne rozložte na dno misky. Posypeme kokosom a potom zmiešanými šupkami. Datle zmiešame s múkou, čerešňami a orechmi, prisypeme navrch a zalejeme mliekom. Mikrovlnná rúra na vysokej úrovni po dobu 8 minút. Necháme vychladnúť na plechu a nakrájame na štvorce.

Fudge Cake do mikrovlnnej rúry

Urobí tortu 20 cm / 8

150 g / 5 uncí / 1 ¼ šálky hladkej múky (univerzálne)

5 ml / 1 ČL prášku do pečiva

Štipka sódy bikarbóny (jedlá sóda)

Trochu soli

300 g / 10 oz / 1 ¼ šálky práškového cukru (veľmi jemný)

50 g / 2 oz / ¼ šálky masla alebo margarínu, zmäkčeného

250 ml / 8 fl oz / 1 šálka mlieka

Pár kvapiek vanilkovej esencie (extrakt)

1 vajce

100 g / 4 oz / 1 šálka nasekanej čistej (polosladkej) čokolády

50 g / 2 oz / ½ šálky nasekaných zmiešaných orechov

čokoládová poleva na pečivo

Zmiešame múku, prášok do pečiva, sódu bikarbónu a soľ. Pridajte cukor a vyšľahajte maslo alebo margarín, mlieko a vanilkovú esenciu do hladka. Pridajte vajíčko. Zahrejte tri štvrtiny čokolády na vysokej úrovni 2 minúty, kým sa neroztopí, a potom vmiešajte koláčovú zmes, kým nebude krémová. Pridajte orechy. Nalejte zmes do dvoch vymastených a múkou vysypaných 20 cm/8 nádob do mikrovlnnej rúry a každú zvlášť vložte do mikrovlnnej rúry na 8 minút. Vyberte z rúry, prikryte hliníkovou fóliou a nechajte 10 minút vychladnúť, potom vložte do rúry na dochladenie. Sendvič s polovicou maslovej polevy (poleva), potrieme zvyšnou polevou a ozdobíme odloženou čokoládou.

Medový chlieb do mikrovlnnej rúry

Urobí tortu 20 cm / 8

50 g / 2 oz / ¼ šálky masla alebo margarínu

75 g / 3 oz / ¼ šálky čiernej melasy (melasy)

15 ml / 1 polievková lyžica krupicového cukru (veľmi jemný)

100 g / 4 oz / 1 šálka hladkej múky (univerzálne)

5 ml / 1 ČL práškového zázvoru

2,5 ml / ½ ČL mletého korenia (jablkový koláč)

2,5 ml / ½ lyžičky sódy bikarbóny (jedlej sódy)

1 rozšľahané vajce

Vložte maslo alebo margarín do misky a vložte do mikrovlnnej rúry na 30 sekúnd. Vmiešajte melasu a cukor a 1 minútu zahrejte v mikrovlnnej rúre na vysokej úrovni. Zmiešajte múku, korenie a sódu bikarbónu. Pridajte vajíčko. Zmes vložte do vymastenej 1,5-litrovej / 2½ pinty / 6 šálok a vložte do mikrovlnnej rúry na 4 minúty. Ochlaďte na panvici 5 minút a potom položte na mriežku, aby sa chladenie dokončilo.

perníkové tyčinky vhodné do mikrovlnnej rúry

pred 12 rokmi

Na tortu:

150 g / 5 oz / 2/3 šálky masla alebo margarínu, zmäknutého

50 g / 2 oz / ¼ šálky práškového cukru (veľmi jemný)

100 g / 4 oz / 1 šálka hladkej múky (univerzálne)

2,5 ml / ½ lyžičky prášku do pečiva

5 ml / 1 ČL práškového zázvoru

Na strechu:

15 g / ½ unce / 1 polievková lyžica masla alebo margarínu

15 ml / 1 polievková lyžica zlatého sirupu (svetlá kukurica)

Pár kvapiek vanilkovej esencie (extrakt)

5 ml / 1 ČL práškového zázvoru

50 g / 2 oz / 1/3 šálky práškového cukru (cukrovinky)

Na prípravu koláča vyšľahajte maslo alebo margarín s cukrom, kým nebude svetlý a nadýchaný. Pridajte múku, prášok do pečiva a zázvor a miešajte, kým nezískate hladké cesto. Natlačte do 20 cm / 8 štvorcových nádob do mikrovlnnej rúry a v mikrovlnnej rúre na Medium po dobu 6 minút, kým nie sú pevné.

Na prípravu polevy rozpustite maslo alebo margarín a sirup. Pridajte vanilkovú esenciu, zázvor a práškový cukor a šľahajte do zhustnutia. Rovnomerne rozotrieme na teplý koláč. Nechajte vychladnúť na tanieri a nakrájajte na kocky alebo štvorce.

Zlatá torta z mikrovlnky

Urobí tortu 20 cm / 8

Na tortu:

100 g / 4 oz / ½ šálky masla alebo margarínu, zmäknutého

100 g / 4 oz / ½ šálky práškového cukru (veľmi jemný)

2 vajcia, zľahka rozšľahané

Pár kvapiek vanilkovej esencie (extrakt)

225 g / 8 uncí / 2 šálky hladkej múky (univerzálne)

10 ml / 2 ČL prášku do pečiva

Trochu soli

60 ml / 4 polievkové lyžice mlieka

Na polevu (polevu):

50 g / 2 oz / ¼ šálky masla alebo margarínu, zmäkčeného

100 g / 4 oz / 2/3 šálky práškového cukru (cukrovinky)

Niekoľko kvapiek vanilkovej esencie (extrakt) (voliteľné)

Na prípravu koláča vyšľahajte maslo alebo margarín s cukrom, kým nebude svetlý a nadýchaný. Postupne zašľaháme vajcia, potom pridáme múku, prášok do pečiva a soľ. Vmiešajte toľko mlieka, aby to malo hladkú, tekutú konzistenciu. Nalejte do dvoch vymastených a múkou vysypaných nádob na mikrovlnnú rúru s priemerom 20 cm/8 a pečte každý koláč zvlášť pri vysokej teplote 6 minút. Vyberte z rúry, prikryte hliníkovou fóliou a nechajte 5 minút vychladnúť, potom vložte do rúry na dochladenie.

Polevu pripravíte tak, že maslo alebo margarín vyšľaháte, až kým nebude nadýchané, a potom podľa potreby pridajte práškový cukor a vanilkovú esenciu. Koláčiky obložíme polovicou polevy a zvyšok natrieme na vrch.

Medová a oriešková torta do mikrovlnnej rúry

Urobí tortu 18 cm / 7

150 g / 5 oz / 2/3 šálky masla alebo margarínu, zmäknutého

100 g / 4 oz / ½ šálky mäkkého hnedého cukru

45 ml / 3 lyžice čistého medu

3 rozšľahané vajcia

225 g / 8 uncí / 2 šálky samokysnúcej múky (samokysnúca)

100 g / 4 oz / 1 šálka mletých lieskových orechov

45 ml / 3 polievkové lyžice mlieka

Maslová poleva

Maslo alebo margarín, cukor a med vyšľaháme do svetlej a nadýchanej hmoty. Postupne zašľaháme vajcia, potom pridáme múku a lieskové orechy a toľko mlieka, aby sme dosiahli hladkú konzistenciu. Nalejte do misky s priemerom 18 cm/7 mikrovlnnej rúry a varte na strednom stupni 7 minút. Ochlaďte na panvici 5 minút a potom položte na mriežku, aby sa chladenie dokončilo. Koláč prerežte vodorovne na polovicu a potom obložte maslovou polevou (poleva).

Žuvacie müsli tyčinky do mikrovlnnej rúry

Výťažok asi 10

100 g / 4 oz / ½ šálky masla alebo margarínu

175 g / 6 uncí / ½ šálky čistého medu

50 g / 2 oz / 1/3 šálky hotových sušených marhúľ, nasekaných

50 g / 2 oz / 1/3 šálky vykôstkovaných datlí, nasekaných

75 g / 3 oz / ¾ šálky nasekaných zmiešaných orechov

100 g / 4 oz / 1 šálka ovsených vločiek

100 g / 4 oz / ½ šálky mäkkého hnedého cukru

1 rozšľahané vajce

25 g / 1 oz / 2 polievkové lyžice samokysnúcej múky (samokysnúca)

Vložte maslo alebo margarín a med do misy a varte na vysokej teplote 2 minúty. Zmiešajte všetky zvyšné ingrediencie. Nalejte do 20 cm / 8 nádoby odolnej voči mikrovlnnej rúre a 8 minút pri vysokej teplote. Nechajte mierne vychladnúť a nakrájajte na štvorce alebo plátky.

Orechový koláč z mikrovlnky

Urobí tortu 20 cm / 8

150 g / 5 uncí / 1 ¼ šálky hladkej múky (univerzálne)

Trochu soli

5 ml / 1 ČL škoricového prášku

75 g / 3 oz / 1/3 šálky mäkkého hnedého cukru

75 g / 3 oz / 1/3 šálky práškového cukru (veľmi jemný)

75 ml / 5 polievkových lyžíc oleja

25 g / 1 oz / ¼ šálky vlašských orechov, nasekaných

5 ml / 1 ČL prášku do pečiva

2,5 ml / ½ lyžičky sódy bikarbóny (jedlej sódy)

1 vajce

150 ml / ¼ pt / 2/3 šálky kyslého mlieka

Zmiešame múku, soľ a polovicu škorice. Vmiešajte cukry a potom zašľahajte olej, kým sa dobre nezmiešajú. Odoberte 90 ml / 6 polievkových lyžíc zmesi a zmiešajte s vlašskými orechmi a zvyšnou škoricou. Do väčšiny zmesi pridajte prášok do pečiva, sódu bikarbónu, vajce a mlieko a vyšľahajte do hladka. Hlavnú zmes nalejeme do vymastenej a múkou vysypanej nádoby na mikrovlnku 20 cm / 8 a na vrch posypeme orechovou zmesou. Mikrovlnná rúra na vysokej úrovni po dobu 8 minút. Nechajte 10 minút vychladnúť na tanieri a podávajte horúce.

Pomarančový džúsový koláč z mikrovlnnej rúry

Urobí tortu 20 cm / 8

250 g / 9 oz / 2 ¼ šálky hladkej múky (univerzálne)

225 g / 8 uncí / 1 šálka kryštálového cukru

15 ml / 1 polievková lyžica prášku do pečiva

2,5 ml / ½ lyžičky soli

60 ml / 4 polievkové lyžice oleja

250 ml / 8 fl oz / 2 šálky pomarančového džúsu

2 oddelené vajcia

100 g / 4 oz / ½ šálky práškového cukru (veľmi jemný)

Pomarančová maslová poleva

Poleva Pomarančová Poleva

Zmiešame múku, kryštálový cukor, prášok do pečiva, soľ, olej a polovicu pomarančovej šťavy a vyšľaháme do hladka. Pridajte žĺtky a zvyšnú pomarančovú šťavu, kým nezískate svetlý a nadýchaný krém. Z bielkov vyšľaháme tuhý sneh, potom pridáme polovicu práškového cukru a vyšľaháme na hustý a lesklý sneh. Do zmesi na koláč pridajte zvyšný cukor a potom sneh z bielkov. Nalejte do dvoch vymastených a múkou vysypaných nádob do mikrovlnnej rúry s priemerom 20 cm/8 a vložte do mikrovlnnej rúry oddelene na vysokej teplote 6–8 minút. Vyberte z rúry, prikryte hliníkovou fóliou a nechajte 5 minút vychladnúť, potom vložte do rúry na dochladenie. Koláčiky obložíme pomarančovou maslovou polevou (poleva) a na vrch natrieme pomarančovú polevu.

mikrovlnka pavlova

Urobí tortu 23 cm / 9

4 bielka

225 g / 8 uncí / 1 šálka práškového cukru (veľmi jemný)

2,5 ml / ½ ČL vanilkovej esencie (extrakt)

Pár kvapiek vínneho octu

150 ml / ¼ pt / 2/3 šálky hustej smotany

1 nakrájané kiwi

100 g / 4 oz jahôd, nakrájaných na plátky

Vyšľaháme bielka, kým sa nevytvoria mäkké vrcholy. Posypeme polovicou cukru a dobre prešľaháme. Postupne pridávame zvyšok cukru, vanilkovú esenciu a ocot a šľaháme, kým sa nerozpustí. Nalejte zmes do kruhu 23 cm / 9 cm na kus papiera na pečenie. Mikrovlnná rúra na vysokej úrovni 2 minúty. Nechajte stáť v mikrovlnnej rúre s otvorenými dvierkami 10 minút. Vyberte z rúry, roztrhnite ochranný papier a nechajte vychladnúť. Smotanu vyšľaháme dotuha a rozotrieme na pusinky. Na vrch atraktívne poukladajte ovocie.

koláč z mikrovlnky

Urobí tortu 20 cm / 8

225 g / 8 uncí / 2 šálky hladkej múky (univerzálne)

15 ml / 1 polievková lyžica prášku do pečiva

50 g / 2 oz / ¼ šálky práškového cukru (veľmi jemný)

100 g / 4 oz / ½ šálky masla alebo margarínu

75 ml / 5 lyžíc jednoduchého krému (svetlého)

1 vajce

Múku, prášok do pečiva a cukor vyšľaháme a potom vmiešame maslo alebo margarín, kým zmes nebude pripomínať strúhanku. Zmiešajte smotanu a vajíčko, potom pridajte múku, kým nezískate mäkké cesto. Natlačíme do vymastenej 20 cm/8 mikrovlnnej nádoby a dáme do mikrovlnnej rúry na 6 minút. Necháme 4 minúty odležať, vyberieme z formy a dochladíme na mriežke.

Jahodová torta z mikrovlnky

Urobí tortu 20 cm / 8

900 g / 2 lb jahôd, nakrájaných na hrubé plátky

225 g / 8 uncí / 1 šálka práškového cukru (veľmi jemný)

225 g / 8 uncí / 2 šálky hladkej múky (univerzálne)

15 ml / 1 polievková lyžica prášku do pečiva

175 g / 6 oz / ¾ šálky masla alebo margarínu

75 ml / 5 lyžíc jednoduchého krému (svetlého)

1 vajce

150 ml / ¼ pt / 2/3 šálky dvojitej smotany (ťažkej), šľahačky

Zmiešajte jahody so 175 g / 6 oz / ¾ šálky cukru a dajte do chladničky aspoň na 1 hodinu.

Zmiešajte múku, prášok do pečiva a zvyšný cukor a votrite 100 g / 4 oz / ½ šálky masla alebo margarínu, kým zmes nebude pripomínať strúhanku. Zmiešajte smotanu a vajíčko, potom pridajte múku, kým nezískate mäkké cesto. Natlačíme do vymastenej 20 cm/8 mikrovlnnej nádoby a dáme do mikrovlnnej rúry na 6 minút. Necháme 4 minúty postáť, potom vyberieme z formy a ešte horúce rozdelíme na polovice. Necháme vychladnúť.

Obidve rezné plochy potrieme zvyšným maslom alebo margarínom. Základ rozotrieme z jednej tretiny šľahačky a na vrch dáme tri štvrtiny jahôd. Prikryjeme ďalšou tretinou krému a navrch položíme druhý koláčik. Navrch dáme zvyšnú smotanu a jahody.

Mikrovlnná piškóta

Urobí tortu 18 cm / 7

150 g / 5 uncí / 1 ¼ šálky samokysnúcej múky (samokysnúca)

100 g / 4 oz / ½ šálky masla alebo margarínu

100 g / 4 oz / ½ šálky práškového cukru (veľmi jemný)

2 vajcia

30 ml / 2 polievkové lyžice mlieka

Všetky ingrediencie rozmixujte do hladka. Nalejte do misky s priemerom 18 cm / 7 cm vystlanej dnom na tanieri vhodnej do mikrovlnnej rúry a na 6 minút v mikrovlnnej rúre na médiu. Ochlaďte na panvici 5 minút a potom položte na mriežku, aby sa chladenie dokončilo.

Mikrovlnné tyče Sultana

pred 12 rokmi

175 g / 6 oz / ¾ šálky masla alebo margarínu

100 g / 4 oz / ½ šálky práškového cukru (veľmi jemný)

15 ml / 1 polievková lyžica zlatého sirupu (svetlá kukurica)

75 g / 3 oz / ½ šálky sultánky (zlaté hrozienka)

5 ml / 1 ČL strúhanej citrónovej kôry

225 g / 8 uncí / 2 šálky samokysnúcej múky (samokysnúca)

Na polevu (polevu):
175 g / 6 uncí / 1 šálka práškového cukru (cukrovinky)

30 ml / 2 polievkové lyžice citrónovej šťavy

Maslo alebo margarín, rafinovaný cukor a sirup zahrievajte na médiu 2 minúty. Vmiešame sultánky a citrónovú kôru. Pridajte múku. Nalejte do vymastenej a vystlanej misky s priemerom 20 cm / 8 palcov do štvorcovej nádoby vhodnej do mikrovlnnej rúry a v mikrovlnnej rúre na strednom stupni 8 minút, kým stuhne. Necháme trochu vychladnúť.

Práškový cukor dáme do misky a v strede urobíme jamku. Postupne primiešame citrónovú šťavu na hladkú polevu. Natrieme na ešte teplý koláč a necháme úplne vychladnúť.

Čokoládové sušienky do mikrovlnnej rúry

pred 24 rokmi

225 g / 8 oz / 1 šálka masla alebo margarínu, zmäknutého

100 g / 4 oz / ½ šálky tmavohnedého cukru

5 ml / 1 ČL vanilkovej esencie (extrakt)

225 g / 8 uncí / 2 šálky samokysnúcej múky (samokysnúca)

50 g / 2 oz / ½ šálky práškovej čokolády na pitie

Maslo, cukor a vanilkovú esenciu vyšľaháme do svetlej a nadýchanej hmoty. Postupne primiešame múku a čokoládu a šľaháme, kým nám nevznikne hladké cesto. Vytvarujte guľôčky veľkosti vlašského orecha, po šiestich poukladajte na vymastený plech na pečenie (sušienky) a zľahka zarovnajte vidličkou. Každú dávku varte 2 minúty na vysokej teplote, kým nie sú všetky sušienky uvarené. Necháme vychladnúť na mriežke.

Kokosové sušienky do mikrovlnnej rúry

pred 24 rokmi

50 g / 2 oz / ¼ šálky masla alebo margarínu, zmäkčeného

75 g / 3 oz / 1/3 šálky práškového cukru (veľmi jemný)

1 vajce, zľahka rozšľahané

2,5 ml / ½ ČL vanilkovej esencie (extrakt)

75 g / 3 oz / ¾ šálky hladkej múky (univerzálne)

25 g / 1 oz / ¼ šálky sušeného kokosu (strúhaného)

Trochu soli

30 ml / 2 polievkové lyžice jahodového džemu (zaváranie)

Maslo alebo margarín a cukor vyšľaháme do svetlej a nadýchanej hmoty. Striedavo pridávame vajíčko a vanilkovú esenciu s múkou, kokosom a soľou a miešame, kým nám nevznikne hladké cesto. Vytvarujte guľôčky veľkosti vlašského orecha a po šiestich poukladajte na vymastený (sušienkový) plech na pečenie a zľahka zatlačte vidličkou, aby sa mierne sploštili. Mikrovlnná rúra na vysokej úrovni po dobu 3 minút, kým nebude pevná. Presuňte na mriežku a do stredu každého koláčika položte lyžicu džemu. Opakujte so zvyšnými cookies.

Mikrovlnné Florentínky

pred 12 rokmi

50 g / 2 oz / ¼ šálky masla alebo margarínu

50 g / 2 oz / ¼ šálky cukru demerara

15 ml / 1 polievková lyžica zlatého sirupu (svetlá kukurica)

50 g / 2 oz / ¼ šálky glazúrovaných čerešní (kandizovaných)

75 g / 3 oz / ¾ šálky vlašských orechov, nasekaných

25 g / 1 oz / 3 lyžice sultánky (zlaté hrozienka)

25 g / 1 oz / ¼ šálky lúpaných mandlí (v plátkoch)

30 ml / 2 polievkové lyžice nasekanej zmiešanej kôry (kandizovaná)

25 g / 1 unca / ¼ šálky hladkej múky (univerzálne)

100 g / 4 oz / 1 šálka hladkej (polosladkej) čokolády, nasekanej (voliteľné)

Maslo alebo margarín, cukor a sirup dáme do mikrovlnnej rúry na 1 minútu, kým sa neroztopí. Vmiešame čerešne, vlašské orechy, sultánky a mandle a vmiešame kôru a múku. Lyžicou lyžičiek zmesi, dobre od seba, naneste na pergamenový (voskovaný) papier a varte štyri naraz pri vysokej teplote 1½ minúty každú dávku. Okraje orežte nožom, 3 minúty ochlaďte na papieri a potom presuňte na mriežku, aby sa chladenie dokončilo. Opakujte so zvyšnými cookies. Ak chcete, rozpustite čokoládu v miske na 30 sekúnd a rozložte na jednu stranu florentiniek, potom nechajte stuhnúť.

Lieskovo-orieškové čerešňové sušienky do mikrovlnnej rúry

pred 24 rokmi

100 g / 4 oz / ½ šálky masla alebo margarínu, zmäknutého

100 g / 4 oz / ½ šálky práškového cukru (veľmi jemný)

1 rozšľahané vajce

175 g / 6 uncí / 1 ½ šálky hladkej múky (univerzálne)

50 g / 2 oz / ½ šálky mletých lieskových orechov

100 g / 4 oz / ½ šálky glazúrovaných čerešní (kandizovaných)

Maslo alebo margarín a cukor vyšľaháme do svetlej a nadýchanej hmoty. Pomaly pridajte vajíčko a potom pridajte múku, lieskové orechy a čerešne. Umiestnite rovnomerne rozložené lyžice na plechy na pečenie v mikrovlnnej rúre (sušienky) a osem sušienok (sušienky) naraz vložte do mikrovlnnej rúry na vysokú teplotu asi 2 minúty, kým nebudú pevné.

Sultana sušienky do mikrovlnnej rúry

pred 24 rokmi

225 g / 8 uncí / 2 šálky hladkej múky (univerzálne)

5 ml / 1 ČL mletého korenia (jablkový koláč)

175 g / 6 oz / ¾ šálky masla alebo margarínu, zmäknutého

100 g / 4 oz / 2/3 šálky sultánky (zlaté hrozienka)

175 g / 6 oz / ¾ šálky cukru demerara

Vmiešajte múku a zmiešané korenie, potom vmiešajte maslo alebo margarín, sultánky a 100 g / 4 oz / ½ šálky cukru, aby ste vytvorili mäkké cesto. Rozvaľkajte do dvoch formičiek na klobásy s dĺžkou asi 18 cm / 7 cm a posypte zvyšným cukrom. Nakrájajte na mesiačiky a po šiestich poukladajte na vymastený plech a vložte do mikrovlnnej rúry na 2 minúty. Ochlaďte na mriežke a opakujte so zvyšnými sušienkami.

Banánový chlieb do mikrovlnnej rúry

Urobí 450 g / 1 lb bochník

75 g / 3 oz / 1/3 šálky masla alebo margarínu, zmäknutého

175 g / 6 oz / ¾ šálky práškového cukru (veľmi jemného)

2 vajcia, zľahka rozšľahané

200 g / 7 oz / 1¾ šálky hladkej múky (univerzálne)

10 ml / 2 ČL prášku do pečiva

2,5 ml / ½ lyžičky sódy bikarbóny (jedlej sódy)

Trochu soli

2 zrelé banány

15 ml / 1 polievková lyžica citrónovej šťavy

60 ml / 4 polievkové lyžice mlieka

50 g / 2 oz / ½ šálky vlašských orechov, nasekaných

Maslo alebo margarín a cukor vyšľaháme do svetlej a nadýchanej hmoty. Postupne zašľaháme vajcia, potom pridáme múku, prášok do pečiva, sódu bikarbónu a soľ. Banány roztlačíme s citrónovou šťavou a zmiešame s mliekom a orechmi. Preneste do vymastenej a múkou vysypanej 450 g / 1 lb bochníkovej formy (panvice) a vložte do mikrovlnnej rúry na 12 minút na vysoký výkon. Vyberte z rúry, prikryte hliníkovou fóliou a nechajte 10 minút vychladnúť, potom vložte do rúry na dochladenie.

Syrový chlieb do mikrovlnnej rúry

Urobí 450 g / 1 lb bochník

50 g / 2 oz / ¼ šálky masla alebo margarínu

250 ml / 8 fl oz / 1 šálka mlieka

2 vajcia, zľahka rozšľahané

225 g / 8 uncí / 2 šálky hladkej múky (univerzálne)

10 ml / 2 ČL prášku do pečiva

10 ml / 2 ČL horčičného prášku

2,5 ml / ½ lyžičky soli

175 g / 6 oz / 1 ½ šálky syra čedar, strúhaného

Maslo alebo margarín roztopte v malej miske na 1 minútu. Pridajte mlieko a vajcia. Zmiešajte múku, prášok do pečiva, horčicu, soľ a 100 g / 4 oz / 1 šálku syra. Miešajte mliečnu zmes do hladka. Preneste do anglickej tortovej formy (panvice) a vložte do mikrovlnnej rúry na 9 minút. Posypeme zvyšným syrom, prikryjeme fóliou a necháme 20 minút odstáť.

Orechový chlieb do mikrovlnnej rúry

Urobí 450 g / 1 lb bochník

225 g / 8 uncí / 2 šálky hladkej múky (univerzálne)

300 g / 10 oz / 1 ¼ šálky práškového cukru (veľmi jemný)

5 ml / 1 ČL prášku do pečiva

Trochu soli

100 g / 4 oz / ½ šálky masla alebo margarínu, zmäknutého

150 ml / ¼ pt / 2/3 šálky mlieka

2,5 ml / ½ ČL vanilkovej esencie (extrakt)

4 bielka

50 g / 2 oz / ½ šálky vlašských orechov, nasekaných

Zmiešame múku, cukor, droždie a soľ. Pridajte maslo alebo margarín, potom mlieko a vanilkovú esenciu. Pridajte sneh z bielkov a pridajte orechy. Prenesté do vymastenej a múkou vysypanej 450 g / 1 lb bochníkovej formy (panvice) a vložte do mikrovlnnej rúry na 12 minút na vysoký výkon. Vyberte z rúry, prikryte hliníkovou fóliou a nechajte 10 minút vychladnúť, potom vložte do rúry na dochladenie.

Nepečená torta Amaretti

Urobí tortu 20 cm / 8

100 g / 4 oz / ½ šálky masla alebo margarínu

175 g / 6 oz / 1 ½ šálky hladkej čokolády (polosladkej)

Sušienky Amaretti 75 g / 3 oz (cookies), nahrubo rozdrvené

175 g / 6 uncí / 1 ½ šálky vlašských orechov, nasekaných

50 g / 2 oz / ½ šálky píniových orieškov

75 g / 3 oz / 1/3 šálky glazovaných (kandizovaných) čerešní, nasekaných

30 ml / 2 polievkové lyžice Grand Marnier

225 g / 8 uncí / 1 šálka syra Mascarpone

Maslo alebo margarín a čokoládu rozpustite v žiaruvzdornej miske umiestnenej nad hrncom s vriacou vodou. Odstavíme z ohňa a pridáme sušienky, orechy a čerešne. Vylejeme do chlebíčkovej formy (pekáča) vystlanej potravinovou fóliou (igelitovou fóliou) a jemne pritlačíme. Dáme do chladničky na 1 hodinu do stuhnutia. Preneste na servírovací tanier a odstráňte plastový obal. Porazte Grand Marnier s Mascarpone a položte ho na základňu.

Americké chrumkavé ryžové tyčinky

Vytvára asi 24 barov

50 g / 2 oz / ¼ šálky masla alebo margarínu

225 g bielych marshmallow

5 ml / 1 ČL vanilkovej esencie (extrakt)

150 g / 5 uncí / 5 šálok pufovaných ryžových obilnín

Vo veľkej panvici na miernom ohni roztopte maslo alebo margarín. Pridajte marshmallows a varte za stáleho miešania, kým sa marshmallow neroztopia a zmes nie je sirupová. Odstráňte z tepla a pridajte vanilkovú esenciu. Miešajte ryžové cereálie, kým nebudú rovnomerne pokryté. Natlačíme do 23cm/9 štvorcovej panvice (panvice) a nakrájame na tyčinky. Nechajte stuhnúť.

damaškové štvorce

pred 12 rokmi

50 g / 2 oz / ¼ šálky masla alebo margarínu

175 g / 6 oz / 1 malá plechovka odpareného mlieka

15 ml / 1 polievková lyžica čistého medu

45 ml / 3 polievkové lyžice jablkovej šťavy

50 g / 2 oz / ¼ šálky mäkkého hnedého cukru

50 g / 2 oz / 1/3 šálky sultánky (zlaté hrozienka)

225 g / 8 oz / 11/3 šálky hotových sušených marhúľ, nasekaných

100 g / 4 oz / 1 šálka sušeného kokosu (strúhaného)

225 g / 8 oz / 2 šálky ovsených vločiek

Maslo alebo margarín rozpustíme s mliekom, medom, jablkovou šťavou a cukrom. Pridajte zvyšok ingrediencií. Pred krájaním na štvorce vtlačte do vymastenej formy s priemerom 25 cm / 12 cm a nechajte vychladnúť.

Švajčiarska damašková torta

Urobí tortu 23 cm / 9

400 g / 14 oz / 1 veľká plechovka polovice marhúľ, scedené a šťava odložená

50 g / 2 oz / ½ šálky smotanového prášku

75 g / 3 oz / ¼ šálky marhuľového džemu (číreho z konzervy)

75 g / 3 oz / ½ šálky sušených marhúľ pripravených na konzumáciu, nasekaných

400 g / 14 oz / 1 veľká plechovka kondenzovaného mlieka

225 g / 8 uncí / 1 šálka tvarohu

45 ml / 3 polievkové lyžice citrónovej šťavy

1 švajčiarska rolka, nakrájaná na plátky

Pripravte marhuľovú šťavu s vodou na 500 ml / 17 fl oz / 2 ¼ šálky. Smotanový prášok zmiešajte s trochou tekutiny na pastu a zvyšok priveďte do varu. Pridáme pudingovú pastu a marhuľový džem a za stáleho miešania varíme do zhustnutia a lesku. Zavárané marhule roztlačte a pridajte do zmesi so sušenými marhuľami. Za občasného miešania necháme vychladnúť.

Porazte kondenzované mlieko, tvaroh a citrónovú šťavu, kým sa dobre nerozmiešajú a pridajte k želatíne. Tortovú formu s priemerom 23 cm / 9 cm vysteľte plastovou fóliou (igelitovou fóliou) a poukladajte plátky švajčiarskej rolky (želé) na dno a boky formy. Pridajte koláčovú zmes a nechajte vychladnúť, kým stuhne. Keď budete pripravený na podávanie, opatrne ho vybaľte.

Rozbité sušienky

pred 12 rokmi

100 g / 4 oz / ½ šálky masla alebo margarínu

30 ml / 2 polievkové lyžice krupicového cukru (veľmi jemný)

15 ml / 1 polievková lyžica zlatého sirupu (svetlá kukurica)

30 ml / 2 lyžice kakaového prášku (čokoláda bez cukru).

225 g / 8 oz / 2 šálky sušienok (sušienka)

50 g / 2 oz / 1/3 šálky sultánky (zlaté hrozienka)

Rozpustite maslo alebo margarín s cukrom a sirupom bez toho, aby ste ho nechali zovrieť. Pridajte kakao, sušienky a sultánky. Preložíme do vymastenej 25 cm / 10 cm vymastenej formy, necháme vychladnúť a v chladničke stuhnúť. Nakrájajte na štvorce.

Nepečený cmarový koláč

Urobí tortu 23 cm / 9

30 ml / 2 polievkové lyžice krémového prášku

100 g / 4 oz / ½ šálky práškového cukru (veľmi jemný)

450 ml / ¾ pt / 2 šálky mlieka

175 ml cmaru / 6 fl oz / ¾ šálky cmaru

25 g / 1 oz / 2 lyžice masla alebo margarínu

400 g / 12 oz krehké sušienky (cookies), drvené

120 ml / 4 fl oz / ½ šálky hustej smotany

Smotanový prášok a cukor vyšľaháme, kým s trochou mlieka nevytvorí pastu. Zvyšné mlieko priveďte do varu. Vmiešame pastu, celú zmes vrátime do panvice a na miernom ohni varíme asi 5 minút, kým nezhustne. Pridajte cmar a maslo alebo margarín. Vrstvy rozdrvených sušienok a smotanovej zmesi rozložte do tortovej formy s priemerom 23 cm / 9 (pekáč) vystlanej plastovou fóliou (igelitom) alebo do sklenenej misky. Jemne zatlačte a ochlaďte, kým stuhne. Smotanu vyšľaháme dotuha, potom na koláč lyžicou natrieme ružičky smotany. Podávajte z taniera alebo opatrne zdvihnite, aby ste mohli podávať.

gaštanový plátok

Urobí 900 g / 2 lb bochník

225 g / 8 oz / 2 šálky hladkej čokolády (polosladkej)

100 g / 4 oz / ½ šálky masla alebo margarínu, zmäknutého

100 g / 4 oz / ½ šálky práškového cukru (veľmi jemný)

450 g / 1 lb / 1 veľká plechovka nesladeného gaštanového pyré

25 g / 1 oz / ¼ šálky ryžovej múky

Pár kvapiek vanilkovej esencie (extrakt)

150 ml / ¼ pt / 2/3 šálky šľahačky, šľahačka

strúhaná čokoláda na ozdobu

Čistú čokoládu roztopte v žiaruvzdornej miske nad panvicou s vriacou vodou. Maslo alebo margarín a cukor vyšľaháme do svetlej a nadýchanej hmoty. Pridajte gaštanové pyré, čokoládu, ryžovú múku a vanilkovú esenciu. Umiestnite do vymastenej a vystlanej 900 g / 2 lb bochníkovej formy (pekáč) a ochlaďte, kým nebude pevná. Pred podávaním ozdobíme šľahačkou a strúhanou čokoládou.

Gaštanová piškóta

Pripraví koláč s hmotnosťou 900 g / 2 lb

Na tortu:

400 g / 14 oz / 1 veľká plechovka sladeného gaštanového pyré

100 g / 4 oz / ½ šálky masla alebo margarínu, zmäknutého

1 vajce

Pár kvapiek vanilkovej esencie (extrakt)

30 ml / 2 polievkové lyžice brandy

24 piškótových sušienok (cookies)

Pre glazúru:

30 ml / 2 lyžice kakaového prášku (čokoláda bez cukru).

15 ml / 1 polievková lyžica krupicového cukru (veľmi jemný)

30 ml / 2 polievkové lyžice vody

Na maslový krém:

100 g / 4 oz / ½ šálky masla alebo margarínu, zmäknutého

100 g / 4 unce / 2/3 šálky práškového (cukrárskeho) cukru, preosiateho

15 ml / 1 polievková lyžica kávovej esencie (extrakt)

Na tortu vyšľaháme gaštanové pyré, maslo alebo margarín, vajíčko, vanilkovú esenciu a 15 ml / 1 polievkovú lyžicu brandy a vyšľaháme do hladka. Tortovú formu s hmotnosťou 900 g / 2 lb (pekáč) vymastíme a vystelieme a dno a boky vystelieme špongiou. Sušienky pokvapkáme zvyškom brandy a do stredu položíme gaštanovú zmes. Ochlaďte do stuhnutia.

Odstráňte z plechu a odstráňte krycí papier. Suroviny na polevu rozpustite v žiaruvzdornej miske na panvici s vriacou vodou a miešajte do hladka. Necháme mierne vychladnúť a väčšinu polevy natrieme na vrch torty. Ingrediencie na maslový krém vyšľahajte do hladka a potom krúživým pohybom obtočte okraj koláča. Pokvapkáme glazúrou vyhradenou na dokončenie.

Čokoládové a mandľové tyčinky

pred 12 rokmi

175 g / 6 oz / 1 ½ šálky hladkej (polosladkej) čokolády, nasekanej

3 vajcia, oddelené

120 ml / 4 fl oz / ½ šálky mlieka

10 ml / 2 lyžičky želatínového prášku

120 ml / 4 fl oz / ½ šálky dvojitej smotany (ťažkej)

45 ml / 3 lyžice krupicového cukru (veľmi jemný)

60 ml / 4 polievkové lyžice lúpaných mandlí (v lupienkoch), opražených

Čokoládu rozpustíme v žiaruvzdornej miske nad panvicou s vriacou vodou. Odstráňte z tepla a pridajte žĺtky. V samostatnej panvici prevarte mlieko a pridajte želatínu. Vmiešame čokoládovú zmes a pridáme smotanu. Z bielkov vyšľaháme tuhý sneh, potom pridáme cukor a opäť vyšľaháme do tuha a lesku. Vmiešame zmes. Nalejte do vymastenej a vystlanej formy na pečenie s hmotnosťou 450 g / 1 lb, posypte opraženými mandľami a nechajte vychladnúť, potom dajte do chladničky aspoň na 3 hodiny stuhnúť. Otočte a nakrájajte na hrubé plátky, aby ste mohli podávať.

Svieža čokoládová torta

Urobí 450 g / 1 lb bochník

150 g / 5 uncí / 2/3 šálky masla alebo margarínu

30 ml / 2 polievkové lyžice zlatého sirupu (svetlá kukurica)

175 g / 6 uncí / 1 ½ šálky strúhanky na tráviace sušienky (Grahamové sušienky)

50 g / 2 oz / 2 šálky pufovaných ryžových obilnín

25 g / 1 oz / 3 lyžice sultánky (zlaté hrozienka)

25 g / 1 oz / 2 lyžice glazovaných (kandizovaných) čerešní, nasekaných

225 g / 8 oz / 2 šálky čokoládových lupienkov

30 ml / 2 polievkové lyžice vody

175 g / 6 uncí / 1 šálka práškového (cukrárskeho) cukru, preosiateho

Rozpustite 100 g masla alebo margarínu so sirupom, odstráňte z tepla a pridajte sušienky, cereálie, sultánky, čerešne a tri štvrtiny čokoládových lupienkov. Nalejte do vymastenej a vysypanej 450 g / 1 lb formy na pečenie a uhlaďte povrch. Ochlaďte do stuhnutia. Zvyšné maslo alebo margarín rozpustíme so zvyšnou čokoládou a vodou. Pridajte práškový cukor a vymiešajte do hladka. Vyberte koláč z formy a prekrojte ho pozdĺžne na polovicu. Sendvič s polovicou čokoládovej polevy (poleva), položte na servírovací tanier a polejte zvyšnou polevou. Pred podávaním vychlaďte.

Čokoládové štvorčeky

Výťažok asi 24

225 g zažívacích sušienok (grahamových sušienok)

100 g / 4 oz / ½ šálky masla alebo margarínu

25 g / 1 oz / 2 polievkové lyžice práškového cukru (veľmi jemný)

15 ml / 1 polievková lyžica zlatého sirupu (svetlá kukurica)

45 ml / 3 lyžice kakaového prášku (čokoláda bez cukru).

200 g / 7 oz / 1¾ šálky čokoládovej polevy na tortu

Vložte sušienky do plastového vrecka a vyrovnajte valčekom. Na panvici rozpustíme maslo alebo margarín a pridáme cukor a sirup. Odstavíme z ohňa a pridáme sušienky a kakao. Vylejeme do vymastenej a vysypanej štvorcovej tortovej formy 18 cm / 7 cm a rovnomerne utlačíme. Necháme vychladnúť a dáme do chladničky stuhnúť.

Čokoládu rozpustíme v žiaruvzdornej miske nad panvicou s vriacou vodou. Roztierajte na sušienku a pri úprave vidličkou obkresľujte čiary. Keď sú pevné, nakrájajte na štvorce.

Čokoládová zmrzlinová torta

Pripraví koláč s hmotnosťou 450 g / 1 lb

100 g / 4 oz / ½ šálky mäkkého hnedého cukru

100 g / 4 oz / ½ šálky masla alebo margarínu

50 g / 2 oz / ½ šálky práškovej čokolády na pitie

25 g / 1 oz / ¼ šálky kakaového (nesladeného čokoládového) prášku

30 ml / 2 polievkové lyžice zlatého sirupu (svetlá kukurica)

150 g (5 oz) sušienok na trávenie (Grahamové sušienky) alebo bohaté čajové sušienky

50 g / 2 oz / ¼ šálky zmesi glazúrovaných čerešní (kandizovaných) alebo orechov a hrozienok

100 g / 4 oz / 1 šálka mliečnej čokolády

Na panvicu dajte cukor, maslo alebo margarín, vypite čokoládu, kakao a sirup a jemne zohrejte, kým sa maslo nerozpustí, dobre premiešajte. Odstráňte z tepla a rozdrobte na sušienky. Vmiešajte čerešne alebo vlašské orechy a hrozienka a vložte ich do formy (panvice) s hmotnosťou 450 g / 1 lb. Necháme vychladnúť v chladničke.

Čokoládu rozpustíme v žiaruvzdornej miske nad panvicou s vriacou vodou. Natrieme na vychladnutý koláč a keď je pevný, nakrájame.

Čokoládový a ovocný koláč

Urobí tortu 18 cm / 7

100 g / 4 oz / ½ šálky rozpusteného masla alebo margarínu

100 g / 4 oz / ½ šálky mäkkého hnedého cukru

225 g / 8 oz / 2 šálky strúhanky na tráviace sušienky (Grahamové sušienky)

50 g / 2 oz / 1/3 šálky sultánky (zlaté hrozienka)

45 ml / 3 lyžice kakaového prášku (čokoláda bez cukru).

1 rozšľahané vajce

Pár kvapiek vanilkovej esencie (extrakt)

Maslo alebo margarín a cukor vymiešame, pridáme zvyšné suroviny a dobre prešľaháme. Preložíme do vymastenej 18 cm / 7 sendvičovej formy (pekáč) a uhladíme povrch. Odložte do chladničky do stuhnutia.

Štvorčeky čokolády a zázvoru

pred 24 rokmi

100 g / 4 oz / ½ šálky masla alebo margarínu

100 g / 4 oz / ½ šálky mäkkého hnedého cukru

30 ml / 2 lyžice kakaového prášku (čokoláda bez cukru).

1 vajce, zľahka rozšľahané

225 g / 8 oz / 2 šálky Gingerbread Cookie Crumbs (sušienka)

15 ml / 1 polievková lyžica kryštalizovaného (kandizovaného) zázvoru, nasekaného

Roztopte maslo alebo margarín a pridajte cukor a kakao, kým sa dobre nezmiešajú. Vmiešame vajíčko, sušienky a zázvor. Natlačíme do švajčiarskej rolky (Jello panvica) a dáme do chladničky stuhnúť. Nakrájajte na štvorce.

Luxusné štvorčeky čokolády a zázvoru

pred 24 rokmi

100 g / 4 oz / ½ šálky masla alebo margarínu

100 g / 4 oz / ½ šálky mäkkého hnedého cukru

30 ml / 2 lyžice kakaového prášku (čokoláda bez cukru).

1 vajce, zľahka rozšľahané

225 g / 8 oz / 2 šálky Gingerbread Cookie Crumbs (sušienka)

15 ml / 1 polievková lyžica kryštalizovaného (kandizovaného) zázvoru, nasekaného

100 g / 4 oz / 1 šálka hladkej čokolády (polosladkej)

Roztopte maslo alebo margarín a pridajte cukor a kakao, kým sa dobre nezmiešajú. Vmiešame vajíčko, sušienky a zázvor. Natlačíme do švajčiarskej rolky (Jello panvica) a dáme do chladničky stuhnúť.

Čokoládu rozpustíme v žiaruvzdornej miske nad panvicou s vriacou vodou. Natrieme na koláč a necháme stuhnúť. Nakrájajte na štvorce, keď je čokoláda takmer tvrdá.

Medové čokoládové sušienky

pred 12 rokmi

225 g / 8 uncí / 1 šálka masla alebo margarínu

30 ml / 2 polievkové lyžice čistého medu

90 ml / 6 lyžíc karobového alebo kakaového (čokoláda bez cukru) prášku

225 g / 8 oz / 2 šálky sladkej sušienky (sušienka)

V hrnci rozpustite maslo alebo margarín, med a karobový alebo kakaový prášok, kým sa dobre nerozmiešajú. Vmiešame sušienky. Preložíme do 20 cm / 8 štvorcovej formy vymastenej lyžicou, necháme vychladnúť a nakrájame na štvorce.

Čokoládová torta

Pripraví koláč s hmotnosťou 450 g / 1 lb

300 ml / ½ bodu / 1¼ šálky dvojitej smotany (ťažkej)

225 g / 8 oz / 2 šálky hladkej (polosladkej) čokolády, rozdrobenej

5 ml / 1 ČL vanilkovej esencie (extrakt)

20 obyčajných cookies (cookies)

Na panvici zohrejte smotanu na miernom ohni, kým takmer nezovrie. Odstráňte z tepla a pridajte čokoládu, premiešajte, prikryte a nechajte 5 minút. Pridajte vanilkovú esenciu a dobre premiešajte, potom nechajte vychladnúť, kým zmes nezačne hustnúť.

Formu na pečenie s hmotnosťou 450 g / 1 lb vysteľte plastovou fóliou (plastovou fóliou). Na spodok rozotrite vrstvu čokolády a na vrch poukladajte niekoľko sušienok. Roztierajte čokoládu a sušienky, kým sa neminú. Ukončite vrstvou čokolády. Zakryte potravinovou fóliou a dajte do chladničky aspoň na 3 hodiny. Rozbaľte koláč a odstráňte potravinovú fóliu.

dobré čokoládové tyčinky

pred 12 rokmi

100 g / 4 oz / ½ šálky masla alebo margarínu

30 ml / 2 polievkové lyžice zlatého sirupu (svetlá kukurica)

30 ml / 2 lyžice kakaového prášku (čokoláda bez cukru).

Balenie 225 g / 8 oz / 1 sušienky alebo obyčajné sušienky (cookies), nahrubo rozdrvené

100 g / 4 oz / 1 šálka hladkej (polosladkej) čokolády, nasekanej

Maslo alebo margarín a sirup rozpustíme, odstavíme z ohňa a vmiešame kakao a rozdrvené sušienky. Rozložte zmes do 23 cm/9 štvorcovej panvice (panvice) a zarovnajte povrch. Čokoládu rozpustíme v žiaruvzdornej miske nad panvicou s vriacou vodou a rozotrieme na vrch. Necháme mierne vychladnúť, nakrájame na tyčinky alebo štvorce a dáme do chladničky stuhnúť.

Čokoládové pralinkové štvorčeky

pred 12 rokmi

100 g / 4 oz / ½ šálky masla alebo margarínu

30 ml / 2 polievkové lyžice krupicového cukru (veľmi jemný)

15 ml / 1 polievková lyžica zlatého sirupu (svetlá kukurica)

15 ml / 1 polievková lyžica čokoládového prášku na pitie

225 g tráviacich sušienok (grahamových sušienok), rozdrvených

200 g / 7 oz / 1¾ šálky hladkej čokolády (polosladkej)

100 g / 4 oz / 1 šálka nasekaných zmiešaných orechov

Na panvici rozpustíme maslo alebo margarín, cukor, sirup a čokoládu na pitie. Priveďte do varu a varte 40 sekúnd. Odstráňte z ohňa a pridajte sušienky a orechy. Vtlačíme do vymastenej tortovej formy (28 x 18 cm / 11 x 7) (pekáč). Čokoládu rozpustíme v žiaruvzdornej miske nad panvicou s vriacou vodou. Rozotrite na sušienky a nechajte vychladnúť, potom dajte na 2 hodiny do chladničky a potom nakrájajte na štvorce.

Kokosové chrumky

pred 12 rokmi

100 g / 4 oz / 1 šálka hladkej čokolády (polosladkej)

30 ml / 2 polievkové lyžice mlieka

30 ml / 2 polievkové lyžice zlatého sirupu (svetlá kukurica)

100 g / 4 unce / 4 šálky pufovaných ryžových obilnín

50 g / 2 oz / ½ šálky sušeného kokosu (strúhaného)

Na panvici rozpustíme čokoládu, mlieko a sirup. Odstavíme z ohňa a pridáme cereálie a kokos. Nalejeme do papierových foriem na tortu (papiere na cupcake) a necháme stuhnúť.

Crunch tyčinky

pred 12 rokmi

175 g / 6 oz / ¾ šálky masla alebo margarínu

50 g / 2 oz / ¼ šálky mäkkého hnedého cukru

30 ml / 2 polievkové lyžice zlatého sirupu (svetlá kukurica)

45 ml / 3 lyžice kakaového prášku (čokoláda bez cukru).

75 g / 3 oz / ½ šálky hrozienok alebo sultánky (zlaté hrozienka)

350 g / 12 oz / 3 šálky Chrumkavé ovsené cereálie

225 g / 8 oz / 2 šálky hladkej čokolády (polosladkej)

Maslo alebo margarín rozpustíme s cukrom, sirupom a kakaom. Vmiešajte hrozienka alebo sultánky a cereálie. Zmes natlačíme do vymastenej tortovej formy 25 cm / 12 cm. Čokoládu rozpustíme v žiaruvzdornej miske nad panvicou s vriacou vodou. Rozložte na tyčinky a nechajte vychladnúť, potom pred krájaním na tyčinky dajte do chladničky.

Kokosové a hrozienkové lupienky

pred 12 rokmi

100 g / 4 oz / 1 šálka bielej čokolády

30 ml / 2 polievkové lyžice mlieka

30 ml / 2 polievkové lyžice zlatého sirupu (svetlá kukurica)

175 g / 6 uncí / 6 šálok pufovaných ryžových obilnín

50 g / 2 oz / 1/3 šálky hrozienok

Na panvici rozpustíme čokoládu, mlieko a sirup. Odstavíme z ohňa a vmiešame cereálie a hrozienka. Nalejeme do papierových foriem na tortu (papiere na cupcake) a necháme stuhnúť.

Káva s mliečnymi štvorčekmi

pred 20 rokmi

25 g / 1 oz / 2 lyžice želatínového prášku

75 ml / 5 polievkových lyžíc studenej vody

225 g / 8 oz / 2 šálky obyčajných sušienok (sušienka)

50 g / 2 oz / ¼ šálky rozpusteného masla alebo margarínu

400 g / 14 oz / 1 veľká plechovka odpareného mlieka

150 g / 5 uncí / 2/3 šálky práškového cukru (veľmi jemný)

400 ml / 14 fl oz / 1¾ šálky silnej čiernej kávy, chladená

Šľahačka a kandizované (kandizované) plátky pomaranča na ozdobu

Želatínu posypte vodou v miske a nechajte, kým nebude špongiová. Vložte misku do panvice s horúcou vodou a nechajte ju rozpustiť. Necháme trochu vychladnúť. Do rozpusteného masla vmiešame strúhanku a vtlačíme na dno a boky vymastenej obdĺžnikovej tortovej formy 30 x 20 cm / 12 x 8. Odparené mlieko šľaháme, kým nezhustne a po troškách pridávame cukor, následne rozpustenú želatínu a kávu. Rozložte na základňu a ochlaďte, kým nebude pevná. Nakrájame na štvorce a ozdobíme šľahačkou a kandizovanými (kandizovanými) plátkami pomaranča.

Nepečený ovocný koláč

Urobí tortu 23 cm / 9

450 g / 1 lb / 22/3 šálky zmiešaného sušeného ovocia (zmes ovocných koláčov)

450 g / 1 lb obyčajných sušienok (cookies), rozdrvených

100 g / 4 oz / ½ šálky rozpusteného masla alebo margarínu

100 g / 4 oz / ½ šálky mäkkého hnedého cukru

400 g / 14 oz / 1 veľká plechovka kondenzovaného mlieka

5 ml / 1 ČL vanilkovej esencie (extrakt)

Zmiešajte všetky zložky, kým sa dobre nezmiešajú. Preložíme do vymastenej formy 23 cm / 9 vymastenej lyžicou (pekáč) vystlanej potravinovou fóliou (igelitom) a utlačíme. Ochlaďte do stuhnutia.

ovocné štvorce

Výťažok asi 12

100 g / 4 oz / ½ šálky masla alebo margarínu

100 g / 4 oz / ½ šálky mäkkého hnedého cukru

400 g / 14 oz / 1 veľká plechovka kondenzovaného mlieka

5 ml / 1 ČL vanilkovej esencie (extrakt)

250 g / 9 oz / 1 ½ šálky zmiešaného sušeného ovocia (mix ovocných koláčov)

100 g / 4 oz / ½ šálky glazúrovaných čerešní (kandizovaných)

50 g / 2 oz / ½ šálky nasekaných zmiešaných orechov

400 g / 14 oz krehké sušienky (cookies), drvené

Na miernom ohni roztopte maslo alebo margarín a cukor. Pridajte kondenzované mlieko a vanilkovú esenciu a odstráňte z tepla. Zmiešajte zvyšné ingrediencie. Natlačíme do vymastenej švajčiarskej panvice (Jello panvica) a dáme do chladničky na 24 hodín, kým stuhne. Nakrájajte na štvorce.

Praskanie ovocia a vlákniny

pred 12 rokmi

100 g / 4 oz / 1 šálka hladkej čokolády (polosladkej)

50 g / 2 oz / ¼ šálky masla alebo margarínu

15 ml / 1 polievková lyžica zlatého sirupu (svetlá kukurica)

100 g / 4 oz / 1 šálka ovocia a vlákniny na raňajky

Čokoládu rozpustíme v žiaruvzdornej miske nad panvicou s vriacou vodou. Pridajte maslo alebo margarín a sirup. Pridajte cereálie. Nalejeme do papierových tortových foriem (papiere na cupcake) a necháme vychladnúť a stuhnúť.

Nugátová torta

Pripraví koláč s hmotnosťou 900 g / 2 lb

15 g / ½ unce / 1 polievková lyžica želatínového prášku

100 ml / 3½ fl oz / 6½ lyžice vody

1 balenie maličkých špongií

225 g / 8 oz / 1 šálka masla alebo margarínu, zmäknutého

50 g / 2 oz / ¼ šálky práškového cukru (veľmi jemný)

400 g / 14 oz / 1 veľká plechovka kondenzovaného mlieka

5 ml / 1 ČL citrónovej šťavy

5 ml / 1 ČL vanilkovej esencie (extrakt)

5 ml / 1 ČL tatarského krému

100 g / 4 oz / 2/3 šálky zmiešaného sušeného ovocia (mix na ovocné koláče), nakrájané

Posypte želatínu vodou v malej miske a vložte misku do panvice s horúcou vodou, kým nebude želatína číra. Necháme trochu vychladnúť. Formu na pečenie s hmotnosťou 900 g / 2 lb vysteľte hliníkovou fóliou tak, aby fólia zakrývala hornú časť formy, potom do základne umiestnite polovicu tortových piškót. Maslo alebo margarín a cukor vyšľaháme do krémova a potom pridáme všetky zvyšné ingrediencie. Nalejte do formy a navrch poukladajte zvyšné piškóty. Zakryte hliníkovou fóliou a na vrch položte závažie. Ochlaďte do stuhnutia.

Štvorce mlieka a muškátového orieška

pred 20 rokmi

Pre základňu:

225 g / 8 oz / 2 šálky obyčajných sušienok (sušienka)

30 ml / 2 lyžice mäkkého hnedého cukru

2,5 ml / ½ lyžičky strúhaného muškátového orieška

100 g / 4 oz / ½ šálky rozpusteného masla alebo margarínu

Na náplň:

1,2 litra / 2 body / 5 šálok mlieka

25 g / 1 oz / 2 lyžice masla alebo margarínu

2 oddelené vajcia

225 g / 8 uncí / 1 šálka práškového cukru (veľmi jemný)

100 g / 4 oz / 1 šálka kukuričného škrobu (kukuričný škrob)

50 g / 2 oz / ½ šálky hladkej múky (univerzálne)

5 ml / 1 ČL prášku do pečiva

Štipka strúhaného muškátového orieška

Na posypanie nastrúhaný muškátový oriešok

Na výrobu základu vmiešame sušienky, cukor a muškátový oriešok do rozpusteného masla alebo margarínu a vtlačíme do základu vymastenej tortovej formy 30 x 20 cm / 12 x 8.

Na prípravu náplne priveďte 1 liter / 1¾ bodu / 4¼ šálky mlieka do varu vo veľkom hrnci. Pridajte maslo alebo margarín. Žĺtky vyšľaháme so zvyšným mliekom. Zmiešame cukor, maizenu, múku, prášok do pečiva a muškátový oriešok. Časť vriaceho mlieka zašľaháme do žĺtkovej zmesi, kým sa nevytvorí pasta, potom pastu vmiešame do vriaceho mlieka, pričom na miernom ohni nepretržite šľaháme niekoľko minút, kým nezhustne. Odstráňte z ohňa. Z bielkov vyšľaháme tuhý sneh a potom ich vmiešame do zmesi. Rozotrite na základ a bohato posypte muškátovým orieškom. Pred podávaním necháme vychladnúť, vychladíme a nakrájame na štvorce.

Müsli Crunch

Vytvára asi 16 štvorcov

400 g / 14 oz / 3 ½ šálky hladkej čokolády (polosladkej)

45 ml / 3 lyžice zlatého sirupu (svetlá kukurica)

25 g / 1 oz / 2 lyžice masla alebo margarínu

Približne 225 g / 8 uncí / 2/3 šálky müsli

Roztopte polovicu čokolády, sirup a maslo alebo margarín. Postupne pridávame toľko müsli, aby vznikla tuhá zmes. Natlačíme do vymastenej švajčiarskej rolády (želé rolády). Zvyšnú čokoládu rozpustíme a povrch uhladíme. Pred krájaním na štvorce nechajte vychladnúť.

Oranžové penové štvorčeky

pred 20 rokmi

25 g / 1 oz / 2 lyžice želatínového prášku

75 ml / 5 polievkových lyžíc studenej vody

225 g / 8 oz / 2 šálky obyčajných sušienok (sušienka)

50 g / 2 oz / ¼ šálky rozpusteného masla alebo margarínu

400 g / 14 oz / 1 veľká plechovka odpareného mlieka

150 g / 5 uncí / 2/3 šálky práškového cukru (veľmi jemný)

400 ml / 14 fl oz / 1¾ šálky pomarančovej šťavy

Šľahačka a čokoládové cukríky na ozdobenie

Želatínu posypte vodou v miske a nechajte, kým nebude špongiová. Vložte misku do panvice s horúcou vodou a nechajte ju rozpustiť. Necháme trochu vychladnúť. Do rozpusteného masla vmiešame strúhanku a vtlačíme na dno a boky vymastenej plytkej tortovej formy s rozmermi 30 x 20 cm / 12 x 8. Mlieko šľaháme do zhustnutia a postupne pridávame cukor, následne rozpustenú želatínu a pomarančovú šťavu. Rozložte na základňu a ochlaďte, kým nebude pevná. Nakrájame na štvorce a ozdobíme šľahačkou a čokoládovými bonbónmi.

arašidové štvorce

pred 18 rokmi

225 g / 8 oz / 2 šálky obyčajných sušienok (sušienka)

100 g / 4 oz / ½ šálky rozpusteného masla alebo margarínu

225 g / 8 uncí / 1 šálka chrumkavého arašidového masla

25 g / 1 unca / 2 polievkové lyžice glazovaných čerešní (kandizované)

25 g / 1 oz / 3 lyžice ríbezlí

Zmiešajte všetky zložky, kým sa dobre nezmiešajú. Natlačíme do vymastenej formy s priemerom 25 cm / 12 cm na plech (plech na pečenie) a dáme do chladničky stuhnúť a potom nakrájame na štvorce.

Mätové karamelové koláčiky

pred 16 rokmi

400 g / 14 oz / 1 veľká plechovka kondenzovaného mlieka

600 ml / 1 bod / 2½ šálky mlieka

30 ml / 2 polievkové lyžice krémového prášku

225 g / 8 oz / 2 šálky strúhanky na tráviace sušienky (Grahamové sušienky)

100 g / 4 oz / 1 šálka mätovej čokolády, nalámanej na kúsky

Neotvorenú plechovku kondenzovaného mlieka vložte do panvice s dostatočným množstvom vody, aby bola plechovka zakrytá. Priveďte do varu, prikryte a varte 3 hodiny, v prípade potreby dolejte vriacou vodou. Necháme vychladnúť, otvoríme plechovku a vyberieme karamel.

Zahrejte 500 ml / 17 fl oz / 2 ¼ šálky mlieka s karamelom, priveďte do varu a miešajte, kým sa neroztopí. Smotanový prášok zmiešame so zvyšným mliekom na pastu, vmiešame na panvici a za stáleho miešania ďalej varíme do zhustnutia. Na dno vymastenej štvorcovej tortovej formy 20 cm / 8 20 cm / 8 nasypte polovicu sušienkovej omrvinky, navrch naneste lyžičkou polovicu smotanového karamelu a posypte polovicou čokolády. Vrstvy zopakujeme a necháme vychladnúť. Dajte do chladničky a potom nakrájajte na porcie, aby ste mohli podávať.

ryžové krekry

pred 24 rokmi

175 g / 6 uncí / ½ šálky čistého medu

225 g / 8 uncí / 1 šálka kryštálového cukru

60 ml / 4 polievkové lyžice vody

350 g / 12 oz / 1 krabica cereálií z nafukovanej ryže

100 g / 4 oz / 1 šálka pražených arašidov

Vo veľkej panvici rozpustite med, cukor a vodu a nechajte 5 minút vychladnúť. Pridajte cereálie a arašidy. Vyvaľkáme guľky, uložíme do papierových tortových foriem (papier na košíčky) a necháme vychladnúť a stuhnúť.

Toffette s ryžou a čokoládou

Výťažok 225 g / 8 oz

50 g / 2 oz / ¼ šálky masla alebo margarínu

30 ml / 2 polievkové lyžice zlatého sirupu (svetlá kukurica)

30 ml / 2 lyžice kakaového prášku (čokoláda bez cukru).

60 ml / 4 lyžice krupicového cukru (veľmi jemný)

50 g / 2 oz / ½ šálky mletej ryže

Roztopte maslo a sirup. Pridajte kakao a cukor, kým sa nerozpustí a pridajte práškovú ryžu. Priveďte do mierneho varu, znížte teplotu a za stáleho miešania varte na miernom ohni 5 minút. Vylejeme do vymastenej a vysypanej formy 20 cm / 8 štvorcových (pekáč) a necháme mierne vychladnúť. Nakrájajte na štvorce a pred vybratím z formy nechajte úplne vychladnúť.

mandľová pasta

Pokrýva vrch a boky torty s priemerom 23 cm / 9 cm

225 g / 8 uncí / 2 šálky mletých mandlí

225 g / 8 uncí / 11/3 šálky práškového (cukrárskeho) cukru, preosiateho

225 g / 8 uncí / 1 šálka práškového cukru (veľmi jemný)

2 vajcia, zľahka rozšľahané

10 ml / 2 čajové lyžičky citrónovej šťavy

Pár kvapiek mandľovej esencie (extraktu)

Vyšľahajte mandle a cukry. Postupne primiešajte zvyšné ingrediencie, kým nezískate hladkú pastu. Pred použitím zabaľte do plastovej fólie (igelit) a ochlaďte.

Mandľová pasta bez cukru

Pokrýva vrch a boky torty s priemerom 15 cm / 6 cm

100 g / 4 oz / 1 šálka mletých mandlí

50 g / 2 oz / ½ šálky fruktózy

25 g / 1 oz / ¼ šálky kukuričnej múky (kukuričný škrob)

1 vajce, zľahka rozšľahané

Zmiešajte všetky ingrediencie, kým nezískate hladkú pastu. Pred použitím zabaľte do plastovej fólie (igelit) a ochlaďte.

Kráľovská poleva

Pokrýva vrch a boky torty s priemerom 20 cm / 8

5 ml / 1 ČL citrónovej šťavy

2 bielka

450 g / 1 lb / 22/3 šálky cukrárskeho (cukrárskeho) cukru, preosiateho

5 ml / 1 lyžička glycerínu (voliteľné)

Citrónovú šťavu vyšľaháme s bielkami a postupne zašľaháme práškový cukor, kým poleva nebude hladká a biela a nepokryje zadnú stranu lyžice. Niekoľko kvapiek glycerínu zabráni tomu, aby sa poleva príliš drobila. Prikryjeme vlhkou utierkou a necháme 20 minút odstáť, aby na povrch vystúpili vzduchové bubliny.

Kôru takejto konzistencie môžeme poliať koláčom a uhladiť nožom namočeným v horúcej vode. V prípade fajok primiešajte cukor navyše, aby bola poleva dostatočne pevná na to, aby vytvárala vrcholy.

poleva bez cukru

Môže pokryť tortu 15 cm / 6

50 g / 2 oz / ½ šálky fruktózy

Trochu soli

1 vaječný bielok

2,5 ml / ½ lyžičky citrónovej šťavy

Zmiešajte fruktózový prášok v kuchynskom robote, kým nebude jemný ako práškový cukor. Zmiešajte soľ. Preložíme do žiaruvzdornej misy a pridáme vaječný bielok a citrónovú šťavu. Položte misku na panvicu s jemne vriacou vodou a pokračujte v šľahaní, kým sa nevytvoria tuhé vrcholy. Odstráňte z tepla a šľahajte, kým nevychladne.

fondánová poleva

Vystačí na pokrytie torty s priemerom 20 cm / 8 cm

450 g / 1 lb / 2 šálky kryštálového (veľmi jemného) alebo praženého cukru

150 ml / ¼ pt / 2/3 šálky vody

15 ml / 1 polievková lyžica tekutej glukózy alebo 2,5 ml / ½ čajovej lyžičky vínneho kameňa

Vo veľkom, ťažkom hrnci na miernom ohni rozpustite cukor vo vode. Steny panvice očistite kefkou namočenou v studenej vode, aby sa netvorili kryštály. V troche vody rozpustite tatársku smotanu a premiešajte na panvici. Priveďte do varu a varte nepretržite na 115 °C / 242 °F, keď kvapka polevy po vhodení do studenej vody vytvorí mäkkú guľu. Pomaly nalejte sirup do žiaruvzdornej misky a nechajte, kým sa nevytvorí škrupina. Polevu šľaháme drevenou lyžicou, kým nie je nepriehľadná a pevná. Miesime do hladka. V prípade potreby pred použitím zohrejte v žiaruvzdornej miske na panvici s horúcou vodou, aby zmäkla.

Maslová poleva

Môže naplniť a prikryť tortu s priemerom 20 cm / 8

100 g / 4 oz / ½ šálky masla alebo margarínu, zmäknutého

225 g / 8 uncí / 11/3 šálky práškového (cukrárskeho) cukru, preosiateho

30 ml / 2 polievkové lyžice mlieka

Maslo alebo margarín vyšľaháme do nadýchanej hmoty. Postupne zašľaháme práškový cukor a mlieko, kým sa dobre nezmiešajú.

Čokoládová poleva na pečivo

Môže naplniť a prikryť tortu s priemerom 20 cm / 8

30 ml / 2 lyžice kakaového prášku (čokoláda bez cukru).

15 ml / 1 polievková lyžica vriacej vody

100 g / 4 oz / ½ šálky masla alebo margarínu, zmäknutého

225 g / 8 uncí / 11/3 šálky práškového (cukrárskeho) cukru, preosiateho

15 ml / 1 polievková lyžica mlieka

Kakao zmiešame s vriacou vodou, kým sa nám nevytvorí pasta a necháme vychladnúť. Maslo alebo margarín vyšľaháme do nadýchanej hmoty. Postupne do nej zašľaháme práškový cukor, mlieko a kakao, až kým nebude úplne hladká.

Maslová poleva z bielej čokolády

Môže naplniť a prikryť tortu s priemerom 20 cm / 8

100 g / 4 oz / 1 šálka bielej čokolády

100 g / 4 oz / ½ šálky masla alebo margarínu, zmäknutého

225 g / 8 uncí / 1 1/3 šálky práškového (cukrárskeho) cukru, preosiateho

15 ml / 1 polievková lyžica mlieka

Čokoládu rozpustíme v žiaruvzdornej miske nad panvicou s vriacou vodou a necháme mierne vychladnúť. Maslo alebo margarín vyšľaháme do nadýchanej hmoty. Postupne pridávajte práškový cukor, mlieko a čokoládu, kým nevznikne homogénna zmes.

Kávová maslová poleva

Môže naplniť a prikryť tortu s priemerom 20 cm / 8

100 g / 4 oz / ½ šálky masla alebo margarínu, zmäknutého

225 g / 8 uncí / 11/3 šálky práškového (cukrárskeho) cukru, preosiateho

15 ml / 1 polievková lyžica mlieka

15 ml / 1 polievková lyžica kávovej esencie (extrakt)

Maslo alebo margarín vyšľaháme do nadýchanej hmoty. Postupne pridávajte práškový cukor, mlieko a kávovú esenciu, kým nevznikne homogénna zmes.

Citrónová maslová poleva

Môže naplniť a prikryť tortu s priemerom 20 cm / 8

100 g / 4 oz / ½ šálky masla alebo margarínu, zmäknutého

225 g / 8 uncí / 11/3 šálky práškového (cukrárskeho) cukru, preosiateho

30 ml / 2 polievkové lyžice citrónovej šťavy

Nastrúhaná kôra z 1 citróna

Maslo alebo margarín vyšľaháme do nadýchanej hmoty. Postupne pridávajte práškový cukor, citrónovú šťavu a kôru, kým sa dobre nezmiešajú.

Pomarančová maslová poleva

Môže naplniť a prikryť tortu s priemerom 20 cm / 8

100 g / 4 oz / ½ šálky masla alebo margarínu, zmäknutého

225 g / 8 uncí / 11/3 šálky práškového (cukrárskeho) cukru, preosiateho

30 ml / 2 polievkové lyžice pomarančovej šťavy

Nastrúhaná kôra z 1 pomaranča

Maslo alebo margarín vyšľaháme do nadýchanej hmoty. Postupne pridávajte práškový cukor, pomarančový džús a kôru, kým nevznikne homogénna zmes.

Smotanový tvarohový zmrzlinový koláč

Môže pokryť tortu s rozmermi 25 cm / 9

75 g / 3 oz / 1/3 šálky smotanového syra

30 ml / 2 polievkové lyžice masla alebo margarínu

350 g / 12 uncí / 2 šálky práškového (cukrárskeho) cukru, preosiateho

5 ml / 1 ČL vanilkovej esencie (extrakt)

Šľahajte syr a maslo alebo margarín, až kým nebude svetlý a nadýchaný. Postupne zašľaháme práškový cukor a vanilkový extrakt, až kým nebude hladká a krémová.

pomarančová poleva

Môže pokryť tortu s rozmermi 25 cm / 9

250 g / 9 uncí / 1 ½ šálky práškového (cukrárskeho) cukru, preosiateho

30 ml / 2 lyžice masla alebo margarínu, zmäknutého

Pár kvapiek mandľovej esencie (extraktu)

60 ml / 4 polievkové lyžice pomarančovej šťavy

Práškový cukor dáme do misky a primiešame maslo alebo margarín a mandľovú esenciu. Postupne primiešame toľko pomarančového džúsu, aby vznikla tuhá poleva.

krémové koláče

pred 12 rokmi

Krehké pečivo 225 g / 8 oz

15 ml / 1 polievková lyžica krupicového cukru (veľmi jemný)

1 vajce, zľahka rozšľahané

150 ml / ¼ pt / 2/3 šálky teplého mlieka

Trochu soli

Na posypanie nastrúhaný muškátový oriešok

Cesto rozvaľkajte a vyložte 12 hlbokých koláčových foriem (formy na hamburgery). Cukor vymiešame s vajcom a postupne pridávame teplé mlieko a soľ. Zmes nalejte do formičiek na pečivo (koláčové škrupiny) a posypte muškátovým oriešokom. Pečte v predhriatej rúre pri teplote 200 °C/400 °F/plyn 6 počas 20 minút. Necháme vychladnúť v plechovkách.

dánske krémové torty

robí 8

200 g / 7 uncí / mizivá 1 šálka masla alebo margarínu

250 g / 9 oz / 2 ¼ šálky hladkej múky (univerzálne)

50 g / 2 oz / 1/3 šálky práškového cukru, preosiateho

2 žĺtky

1 množstvo dánskej krémovej náplne

Maslo alebo margarín votrite do múky a cukru, kým zmes nebude pripomínať strúhanku. Pridajte žĺtky a dobre premiešajte. Zakryte plastovým obalom (igelitom) a dajte na 1 hodinu do chladničky. Dve tretiny cesta (cesto) rozvaľkáme a vyložíme ním vymastené formičky na tartaletky (formy na hamburgery). Plníme krémovou náplňou. Zvyšné cesto rozvaľkáme a odrežeme vrchné časti koláčov. Navlhčite okraje a zatlačte, aby ste utesnili. Pečte v predhriatej rúre pri teplote 200 °C/400 °F/plyn číslo 6 počas 15–20 minút do zlatista. Necháme vychladnúť v plechovkách.

ovocné koláče

pred 12 rokmi

75 g / 3 oz / 1/3 šálky masla alebo margarínu, nakrájaného na kocky

175 g / 6 uncí / 1 ½ šálky hladkej múky (univerzálne)

45 ml / 3 lyžice krupicového cukru (veľmi jemný)

10 ml / 2 ČL najemno nastrúhanej pomarančovej kôry

1 žĺtok

15 ml / 1 polievková lyžica vody

175 g / 6 oz / ¾ šálky smotanového syra

15 ml / 1 polievková lyžica mlieka

350 g / 12 oz miešaného ovocia, ako je rozpolené hrozno bez jadierok, kúsky mandarínky, nakrájané jahody, černice alebo maliny

45 ml / 3 lyžice marhuľového džemu (zaváranie), preosiateho (prepasírovaného)

15 ml / 1 polievková lyžica vody

Maslo alebo margarín votrite do múky, kým zmes nebude pripomínať strúhanku. Pridajte 30 ml / 2 polievkové lyžice cukru a polovicu pomarančovej kôry. Pridajte vaječný žĺtok a len toľko vody, aby vzniklo mäkké cesto. Zabaľte do igelitu (igelitu) a dajte na 30 minút do chladničky.

Cesto vyvaľkáme na hrúbku 3 mm / 1/8 na pomúčenej doske a vyložíme ním 12 formičiek na barkety (v tvare lodičky) alebo na tartaletky. Prikryjeme pergamenovým papierom (voskovaným), naplníme fazuľou a pečieme v predhriatej rúre na 190°C / 375°F / plyn 5 10 minút. Odstráňte papier a fazuľu a pečte ďalších 5 minút dozlatista. Nechajte 5 minút vychladnúť vo formách a potom vložte do rúry na dochladenie.

Syr vyšľaháme s mliekom, zvyšným cukrom a pomarančovou kôrou do hladka. Nalejte do foriem (koláčové škrupiny) a poukladajte ovocie na vrch. Zahrejte džem a vodu v malom hrnci, kým sa dobre nerozmiešajú, a potom natierajte ovocie, aby zosklovatelo. Pred podávaním vychlaďte.

janovský koláč

Vytvára 23 cm / 9 v koláči

100 g / 4 oz lístkového cesta

50 g / 2 oz / ¼ šálky masla alebo margarínu, zmäkčeného

75 g / 3 oz / 1/3 šálky práškového cukru (veľmi jemný)

75 g / 3 oz / ¾ šálky mandlí, nasekaných

3 vajcia, oddelené

2,5 ml / ½ ČL vanilkovej esencie (extrakt)

100 g / 4 oz / 1 šálka hladkej múky (univerzálne)

100 g / 4 unce / 2/3 šálky práškového (cukrárskeho) cukru, preosiateho

Šťava z ½ citróna

Cesto rozvaľkáme na pomúčenej doske a vystelieme 23 cm / 9 tortovú formu (formu). Všetko popichajte vidličkou. Maslo alebo margarín a rafinovaný cukor vyšľaháme, kým nebudú svetlé a nadýchané. Postupne pridávame mandle, žĺtky a vanilkovú esenciu. Pridajte múku. Z bielkov vyšľaháme tuhý sneh a potom ich vmiešame do zmesi. Nalejte do formy na pečivo a pečte v predhriatej rúre pri teplote 190 °C / 375 °F / plyn 5 počas 30 minút. Nechajte 5 minút vychladnúť. Práškový cukor zmiešame s citrónovou šťavou a rozotrieme na vrch koláča.

perníkový koláč

Vytvára 23 cm / 9 v koláči

225 g / 8 oz / 2/3 šálky zlatého sirupu (svetlá kukurica)

250 ml / 8 fl oz / 1 šálka vriacej vody

2,5 ml / ½ lyžičky zázvoru v prášku

60 ml / 4 polievkové lyžice jemne nasekaného kryštalického zázvoru (kandizovaného)

30 ml / 2 lyžice kukuričnej múky (kukuričný škrob)

15 ml / 1 polievková lyžica krémového prášku

1 krabica základného piškótového koláča

Sirup, vodu a mletý zázvor priveďte do varu a potom pridajte kandizovaný zázvor. Kukuričnú krupicu a smotanový prášok zmiešajte s trochou vody na pastu, vmiešajte do zázvorovej zmesi a za stáleho miešania niekoľko minút povarte na miernom ohni. Plnku vložíme do koláčovej formy (škrupiny) a necháme vychladnúť a stuhnúť.

Želé koláče

pred 12 rokmi

Krehké pečivo 225 g / 8 oz

175 g / 6 oz / ½ šálky pevného alebo celého ovocného želé (konzerva)

Cesto (cesto) rozvaľkáme a vystelieme vymasteným plechom na pečenie (pekáč). Rozdeľte džem medzi koláče a vložte do rúry predhriatej na 200 ° C / 400 ° F / plynová značka 6 na 15 minút.

pekanový koláč

Vytvára 23 cm / 9 v koláči

Krehké pečivo 225 g / 8 oz

50 g / 2 oz / ½ šálky pekanových orechov

3 vajcia

225 g / 8 oz / 2/3 šálky zlatého sirupu (svetlá kukurica)

75 g / 3 oz / 1/3 šálky mäkkého hnedého cukru

2,5 ml / ½ ČL vanilkovej esencie (extrakt)

Trochu soli

Cesto (cesto) rozvaľkáme na pomúčenej doske a vystelieme vymastenú formu na puding 23 cm / 9. Prikryjeme papierom na pečenie, naplníme fazuľou a naslepo upečieme vo vyhriatej rúre pri 190C °C / 375° F / značka plynu 5 počas 10 minút. Odstráňte papier a fazuľu.

Orechy usporiadajte v atraktívnom vzore do formy na pečivo. Vajcia šľaháme, kým nezískame svetlý a napenený krém. Pridajte sirup, potom cukor a pokračujte v šľahaní, kým sa cukor nerozpustí. Pridajte vanilkovú esenciu a soľ a šľahajte do hladka. Vložte zmes do formy a vložte do predhriatej rúry na 10 minút. Znížte teplotu rúry na 180 °C / 350 °F / plynová značka 4 a pečte ďalších 30 minút do zlatista. Pred podávaním necháme vychladnúť a stuhnúť.

Pekanový a jablkový koláč

Vytvára 23 cm / 9 v koláči

2 vajcia

350 g / 12 uncí / 1 ½ šálky práškového cukru (veľmi jemný)

50 g / 2 oz / ½ šálky hladkej múky (univerzálne)

10 ml / 2 ČL prášku do pečiva

Trochu soli

100 g / 4 oz varených (koláčových) jabĺk, ošúpaných, zbavených jadier a nakrájaných na kocky

100 g / 4 oz / 1 šálka pekanových alebo vlašských orechov

150 ml / ¼ pt / 2/3 šálky šľahačky

Vajcia rozšľaháme, kým nebudú svetlé a spenené. Postupne primiešajte všetky zvyšné ingrediencie okrem smotany v uvedenom poradí. Vylejeme do vymastenej a vysypanej tortovej formy s priemerom 23 cm / 9 a pečieme v predhriatej rúre na 160 °C / 325 °F / plyn 3 asi 45 minút, kým dobre nevykysne a nezozlatne. Podávajte so smotanou.

Gainsborough Tart

Vytvára 20 cm / 8 in koláč

25 g / 1 oz / 2 lyžice masla alebo margarínu

2,5 ml / ½ lyžičky prášku do pečiva

50 g / 2 oz / ¼ šálky práškového cukru (veľmi jemný)

100 g / 4 oz / 1 šálka sušeného kokosu (strúhaného)

50 g / 2 oz / ¼ šálky glazovaných (kandizovaných) čerešní, nasekaných

2 rozšľahané vajcia

Maslo rozpustíme, zmiešame zvyšné suroviny a vylejeme do vymastenej a vysypanej tortovej formy 20 cm / 8. Pečte v predhriatej rúre pri teplote 180 °C/350 °F/plyn 4 počas 30 minút, kým nie sú mäkké na dotyk.

Citrónový koláč

Vytvára 25 cm / 10 na koláč

Krehké pečivo 225 g / 8 oz

100 g / 4 oz / ½ šálky masla alebo margarínu

4 vajcia

Nastrúhaná kôra a šťava z 2 citrónov

100 g / 4 oz / ½ šálky práškového cukru (veľmi jemný)

250 ml / 8 fl oz / 1 šálka dvojitej smotany (ťažkej)

Lístky mäty na ozdobenie

Cesto vyvaľkáme na pomúčenej doske a vystelieme 25 cm / 10 cm formu (panvicu), dno prepichneme vidličkou. Prikryjeme pergamenovým papierom (voskovaným) a naplníme fazuľou. Pečte v predhriatej rúre pri teplote 200 °C/400 °F/plyn 6 počas 10 minút. Odstráňte papier a fazuľu a pečte ďalších 5 minút, kým nebude základ suchý. Znížte teplotu rúry na 160 °C / 325 °F / značka plynu 3.

Maslo alebo margarín rozpustíme a necháme 1 minútu vychladnúť. Vajcia rozšľaháme so kôrou a citrónovou šťavou. Pridajte maslo, cukor a smotanu. Nalejeme do základu cesta a pečieme pri zníženej teplote 20 minút. Pred podávaním necháme vychladnúť a v chladničke ozdobíme lístkami mäty.

citrónové tartaletky

pred 12 rokmi

225 g / 8 oz / 1 šálka masla alebo margarínu, zmäknutého

75 g / 3 unce / ½ šálky práškového (cukrárskeho) cukru, preosiateho

175 g / 6 uncí / 1 ½ šálky hladkej múky (univerzálne)

50 g / 2 oz / ½ šálky kukuričnej múky (kukuričný škrob)

5 ml / 1 ČL strúhanej citrónovej kôry

Na strechu:

30 ml / 2 lyžice citrónového tvarohu

30 ml / 2 lyžice práškového cukru, preosiateho

Všetky ingrediencie na koláč spolu zmiešame do hladka. Nalejte do vrecka na fajku a ozdobne vložte do 12 papierových košíčkov vložených do ošatky (pastelovej formy). Pečieme v predhriatej rúre pri teplote 180 °C/350 °F/plyn číslo 4 20 minút do zlatista. Necháme mierne vychladnúť, na vrch každého koláčika dáme lyžicu lemon curdu a posypeme práškovým cukrom.

pomarančový koláč

Vytvára 23 cm / 9 v koláči

1 krabica základného piškótového koláča

400 ml / 14 fl oz / 1¾ šálky pomarančovej šťavy

150 g / 5 uncí / 2/3 šálky práškového cukru (veľmi jemný)

30 ml / 2 polievkové lyžice krémového prášku

15 g / ½ unce / 1 polievková lyžica masla alebo margarínu

15 ml / 1 polievková lyžica strúhanej pomarančovej kôry

Niekoľko kandizovaných plátkov pomaranča (voliteľné)

Pripravte si základnú piškótovú krabičku (škrupinu). Počas varenia zmiešajte 250 ml / 8 fl oz / 1 šálku pomarančovej šťavy s cukrom, smotanovým práškom a maslom alebo margarínom. Na miernom ohni priveďte zmes do varu a varte domäkka, kým nebude priehľadná a hustá. Pridajte pomarančovú kôru. Hneď ako pudingová krabička vyjde z rúry, pokvapkáme zvyšnou pomarančovou šťavou, nalejeme do pudingu pomarančovú náplň a necháme vychladnúť a stuhnúť. V prípade potreby ozdobte plátkami kandizovaného pomaranča.

hruškový koláč

Vytvára 20 cm / 8 in koláč
1 množstvo Pâte Sucrée

Na náplň:
150 ml / ¼ pt / 2/3 šálky dvojitej smotany (ťažkej)

2 vajcia

50 g / 2 oz / ¼ šálky práškového cukru (veľmi jemný)

5 hrušiek

Pre glazúru:

75 ml / 5 lyžíc ríbezľovej želatíny (číra z konzervy)

30 ml / 2 polievkové lyžice vody

Vylisovaná citrónová šťava

Otvorte paštétu a vysteľte 20 cm / 8 plech flaštičky, prikryte pergamenovým papierom (voskovaným) a naplňte fazuľou a pečte v predhriatej rúre pri 190 °C / 375 °F / plyn 5 po dobu 12 minút. Vyberte z rúry, odstráňte papier a fazuľu a nechajte vychladnúť.

Na prípravu plnky zmiešame smotanu, vajcia a cukor. Hrušky ošúpeme, zbavíme jadrovníkov a pozdĺžne prekrojíme na polovice. Položte reznou stranou nadol a nakrájajte takmer do stredu hrušiek, ale nechajte ich nedotknuté. Usporiadajte do koláčovej krabice (škrupiny). Nalejte pudingovú zmes a pečte v predhriatej rúre pri teplote 190 °C / 375 °F / plynová značka 4 počas 45 minút, prikryte pergamenovým (voskovaným) papierom, ak pred stuhnutím zhnedne. Necháme vychladnúť.

Ak chcete pripraviť polevu, rozpustite džem, vodu a citrónovú šťavu v malom hrnci, kým sa dobre nezmiešajú. Ovocie potrieme ešte horúcou polevou a necháme stuhnúť. Podávajte v ten istý deň.

Hruška a mandľový koláč

Vytvára 20 cm / 8 in koláč

Na pečivo (pasta):

100 g / 4 oz / 1 šálka hladkej múky (univerzálne)

50 g / 2 oz / ½ šálky mletých mandlí

50 g / 2 oz / ¼ šálky práškového cukru (veľmi jemný)

75 g / 3 oz / 1/3 šálky masla alebo margarínu, nakrájaného na kocky a zmäknutého

1 žĺtok

Pár kvapiek mandľovej esencie (extraktu)

Na náplň:

1 žĺtok

50 g / 2 oz / ¼ šálky práškového cukru (veľmi jemný)

50 g / 2 oz / ½ šálky mletých mandlí

30 ml / 2 polievkové lyžice likéru s hruškovou príchuťou alebo iného likéru podľa chuti

3 veľké hrušky

Na krém:

3 vajcia

25 g / 1 oz / 2 polievkové lyžice práškového cukru (veľmi jemný)

300 ml / ½ bodu / 1¼ šálky obyčajného krému (svetlého)

Na cesto zmiešame v miske múku, mandle a cukor a v strede urobíme jamku. Pridajte maslo alebo margarín, vaječný žĺtok a vanilkovú esenciu a postupne miešajte ingrediencie, kým nezískate mäkké cesto. Zabaľte do igelitu (igelitu) a dajte na 45 minút do chladničky. Rozvaľkajte na pomúčenej doske a použite na vymastenú a vysypanú formu (panvicu 20 cm / 8 flankov) C / 400 °F / plynová značka 6 na 15 minút. Odstráňte papier a fazuľu.

Na prípravu plnky vyšľaháme žĺtka a cukor. Pridajte mandle a likér a zmes vložte do formy na pečivo (škrupina na koláč). Hrušky ošúpeme, zbavíme jadierok a rozpolíme, potom ich poukladáme plochou stranou nadol do plnky.

Na prípravu krému vyšľaháme vajcia a cukor, kým nebudú svetlé a nadýchané. Pridajte smotanu. Hrušky zalejeme krémom a pečieme v predhriatej rúre na 180 °C / 350 °F / plyn číslo 4 asi 15 minút, kým krém nie je tuhý.

Kráľovský hrozienkový koláč

Vytvára 20 cm / 8 in koláč

Na pečivo (pasta):

100 g / 4 oz / ½ šálky masla alebo margarínu

225 g / 8 uncí / 2 šálky hladkej múky (univerzálne)

Trochu soli

45 ml / 3 lyžice studenej vody

Na náplň:

50 g / 2 oz / ½ šálky tortových omrviniek

175 g / 6 uncí / 1 šálka hrozienok

1 žĺtok

5 ml / 1 ČL strúhanej citrónovej kôry

Na strechu:

225 g / 8 uncí / 1 1/3 šálky práškového (cukrárskeho) cukru, preosiateho

1 vaječný bielok

5 ml / 1 ČL citrónovej šťavy

Skončiť:

45 ml / 3 lyžice ríbezľovej želatíny (číra z konzervy)

Na prípravu cesta vtierajte maslo alebo margarín do múky a soli, kým zmes nebude pripomínať strúhanku. Vmiešame toľko studenej vody, aby vzniklo cesto. Zabaľte do igelitu (igelitu) a dajte na 30 minút do chladničky.

Cesto rozvaľkáme a vystelieme 20 cm / 8 štvorcovú tortovú formu (formu). Zmiešajte plniace prísady a rozložte ich na základňu, vyrovnajte povrch. Suroviny na polevu vyšľaháme a natrieme na koláč. Džem z červených ríbezlí vyšľahajte do hladka a potom na tortu položte mriežkovaný vzor. Pečieme v predhriatej rúre na 190°C/375°F/plyn 5 po dobu 30 minút, potom znížime teplotu rúry na 180°C/350°F/plyn 4 a pečieme ďalších 10 minút.

Koláč s hrozienkami a kyslou smotanou

Vytvára 23 cm / 9 v koláči

Krehké pečivo 225 g / 8 oz

30 ml / 2 lyžice hladkej múky (univerzálne)

2 vajcia, zľahka rozšľahané

60 ml / 4 lyžice krupicového cukru (veľmi jemný)

250 ml / 8 fl oz / 1 šálka kyslej smotany

225 g / 8 uncí / 11/3 šálky hrozienok

60 ml / 4 lyžice rumu alebo brandy

Pár kvapiek vanilkovej esencie (extrakt)

Cesto (pasta) rozvaľkajte na hrúbku 5 mm / ¼ na jemne pomúčenej doske. Múku, vajcia, cukor a smotanu zmiešame, pridáme hrozienka, rum alebo brandy a vanilkovú esenciu. Zmes vložte do formy na pečivo a pečte v predhriatej rúre pri teplote 200 °C / 400 °F / plyn 6 počas 20 minút. Znížte teplotu rúry na 180 °C / 350 °F / plynová značka 4 a pečte ďalších 5 minút, kým stuhne.

Jahodový koláč

Vytvára 20 cm / 8 in koláč

1 množstvo Pâte Sucrée

Na náplň:

5 žĺtkov

175 g / 6 oz / ¾ šálky práškového cukru (veľmi jemného)

75 g / 3 oz / ¾ šálky kukuričnej múky (kukuričný škrob)

1 vanilkový struk (fazuľa)

450 ml / ¾ pt / 2 šálky mlieka

15 g / ½ unce / 1 polievková lyžica masla alebo margarínu

550 g / 1¼ lb jahôd, rozpolených

Pre glazúru:

75 ml / 5 lyžíc ríbezľovej želatíny (číra z konzervy)

30 ml / 2 polievkové lyžice vody

Vylisovaná citrónová šťava

Cesto (cesto) rozvaľkáme a vystelieme 20 cm / 8 plackou (formu). Prikryjeme pergamenovým papierom (voskovaným) a naplníme fazuľou a pečieme v predhriatej rúre na 190 °C / 375 °F / plyn stupeň 5 12 minút. Vyberte z rúry, odstráňte papier a fazuľu a nechajte vychladnúť.

Na prípravu plnky vyšľaháme žĺtky a cukor, kým zmes nie je svetlá a nadýchaná a nebude sa plaziť z šľahača na pásiky. Pridajte kukuričnú múku. Vanilkový struk vložíme do mlieka a privedieme do varu. Odstráňte vanilkový struk. Postupne zašľaháme vaječnú zmes. Zmes vylejeme na čistú panvicu a za stáleho miešania privedieme do varu a za stáleho miešania varíme 3 minúty.

Odstráňte z tepla a pridajte maslo alebo margarín, kým sa neroztopí. Prikryjeme vymasteným (povoskovaným) pergamenovým papierom a necháme vychladnúť.

Lyžicou nanášame smotanu do formy na pečivo a na vrch atraktívne poukladáme jahody. Na výrobu glazúry roztopte džem, vodu a citrónovú šťavu, kým sa dobre nezmiešajú. Ovocie potrieme ešte horúcou polevou a necháme stuhnúť. Podávajte v ten istý deň.

melasový koláč

Vytvára 20 cm / 8 in koláč

75 g / 3 oz / 1/3 šálky masla alebo margarínu

175 g / 6 uncí / 1 ½ šálky hladkej múky (univerzálne)

15 ml / 1 polievková lyžica krupicového cukru (veľmi jemný)

1 žĺtok

30 ml / 2 polievkové lyžice vody

225 g / 8 oz / 2/3 šálky zlatého sirupu (svetlá kukurica)

50 g / 2 oz / 1 šálka čerstvej strúhanky

5 ml / 1 ČL citrónovej šťavy

Maslo alebo margarín votrite do múky, kým zmes nebude pripomínať strúhanku. Pridáme cukor, pridáme žĺtok a vodu a vymiešame cesto (pastu). Zabaľte do igelitu (igelitu) a dajte na 30 minút do chladničky.

Cesto rozvaľkáme a 20 cm / 8 plátový plech vyložíme podšívkou. Sirup zohrejeme a zmiešame so strúhankou a citrónovou šťavou. Vložte náplň do formy na pečivo a pečte v predhriatej rúre pri teplote 180 °C / 350 °F / plyn 4 počas 35 minút, kým nezačne bublať.

Koláč z orechov a melasy

Vytvára 20 cm / 8 in koláč

Krehké pečivo 225 g / 8 oz

100 g / 4 oz / ½ šálky masla alebo margarínu, zmäknutého

50 g / 2 oz / ¼ šálky mäkkého hnedého cukru

2 rozšľahané vajcia

175 g / 6 uncí / ½ šálky zlatého sirupu (svetlá kukurica), zahriateho

100 g / 4 oz / 1 šálka vlašských orechov, jemne nasekaných

Nastrúhaná kôra z 1 citróna

Šťava z ½ citróna

Cesto (cesto) rozvaľkáme a vystelieme 20 cm / 8 vymastenou tortovou formou (formou). Prikryte pergamenovým papierom (voskovaným) a naplňte fazuľou a vložte do predhriatej rúry na 200 ° C / 400 ° F / plyn číslo 6 na 10 minút. Vyberte z rúry a odstráňte papier a fazuľu. Znížte teplotu rúry na 180 °C / 350 °F / značka plynu 4.

Maslo alebo margarín a cukor vyšľaháme do svetlej a nadýchanej hmoty. Postupne zašľaháme vajcia, potom pridáme sirup, orechy, citrónovú kôru a šťavu. Vložte do formy na pečivo (koláč) a pečte 45 minút dozlatista a chrumkava.

Amish Shoo-muchá torta

Urobí tortu s rozmermi 23 x 30 cm

225 g / 8 oz / 1 šálka masla alebo margarínu, zmäknutého

225 g / 8 uncí / 2 šálky hladkej múky (univerzálne)

225 g / 8 oz / 2 šálky celozrnnej múky (celozrnnej)

450 g / 1 lb / 2 šálky mäkkého hnedého cukru

350 g / 12 oz / 1 šálka čiernej melasy (melasy)

10 ml / 2 ČL sódy bikarbóny (jedlej sódy)

450 ml / ¾ pt / 2 šálky vriacej vody

Maslo alebo margarín votrite do múky, kým zmes nebude pripomínať strúhanku. Pridajte cukor. Na polevu si nechajte 100 g / 4 oz / 1 šálku zmesi. Zmiešajte melasu, sódu bikarbónu a vodu a vmiešajte do múčnej zmesi, kým sa suché ingrediencie nevstrebú. Vylejeme do vymastenej a múkou vysypanej tortovej formy 23 x 30 cm / 9 x 12 a posypeme odloženou zmesou. Pečte v predhriatej rúre na 180 °C/350 °F/plyn značka 4 počas 35 minút, kým špajľa vložená do stredu nevyjde čistá. Podávajte horúce.

bostonský pudingový plátok

Urobí tortu 23 cm / 9

100 g / 4 oz / ½ šálky masla alebo margarínu, zmäknutého

225 g / 8 uncí / 1 šálka práškového cukru (veľmi jemný)

2 vajcia, zľahka rozšľahané

2,5 ml / ½ ČL vanilkovej esencie (extrakt)

175 g / 6 uncí / 1 ½ šálky samokysnúcej múky

5 ml / 1 ČL prášku do pečiva

Trochu soli

60 ml / 4 polievkové lyžice mlieka

krémová náplň

Maslo alebo margarín a cukor vyšľaháme do svetlej a nadýchanej hmoty. Postupne pridávajte vajcia a vanilkovú esenciu a po každom pridaní dobre šľahajte. Múku, prášok do pečiva a soľ zmiešame a striedavo s mliekom pridávame do zmesi. Vylejeme do vymastenej a múkou vysypanej tortovej formy s priemerom 23 cm / 9 a pečieme v predhriatej rúre pri teplote 180 °C / 350 °F / plyn 4 počas 30 minút, kým nie sú pevné na dotyk. Po vychladnutí tortu vodorovne rozrežte a obe polovice zložte spolu so smotanovou plnkou.

Americká torta z bielej hory

Urobí tortu 23 cm / 9

225 g / 8 oz / 1 šálka masla alebo margarínu, zmäknutého

450 g / 1 lb / 2 šálky práškového cukru (veľmi jemný)

3 vajcia, zľahka rozšľahané

350 g / 12 oz / 3 šálky samokysnúcej múky

15 ml / 1 polievková lyžica prášku do pečiva

1,5 ml / ¼ lyžičky soli

250 ml / 8 fl oz / 1 šálka mlieka

5 ml / 1 ČL vanilkovej esencie (extrakt)

5 ml / 1 ČL mandľovej esencie (extrakt)

Na citrónovú náplň:

45 ml / 3 lyžice kukuričnej múky (kukuričný škrob)

75 g / 3 oz / 1/3 šálky práškového cukru (veľmi jemný)

1,5 ml / ¼ lyžičky soli

300 ml / ½ pt / 1¼ šálky mlieka

25 g / 1 oz / 2 lyžice masla alebo margarínu

90 ml / 6 lyžíc citrónovej šťavy

5 ml / 1 ČL strúhanej citrónovej kôry

Na polevu:

350 g / 12 uncí / 1 ½ šálky práškového cukru (veľmi jemný)

Trochu soli

2 bielka

75 ml / 5 polievkových lyžíc studenej vody

15 ml / 1 polievková lyžica zlatého sirupu (svetlá kukurica)

5 ml / 1 ČL vanilkovej esencie (extrakt)

175 g / 6 oz / 1 ½ šálky sušeného kokosu (strúhaného)

Maslo alebo margarín a cukor vyšľaháme do svetlej a nadýchanej hmoty. Po troškách pridávame vajíčka. Múku, prášok do pečiva a soľ zmiešame, potom pridáme do smotany striedavo s mliekom a esenciami. Zmes nalejte do troch vymastených a vysypaných 23 cm / 9 tortových foriem (pekáčov) a vložte do predhriatej rúry na 180 °C / 350 °F / plynová značka 4 na 30 minút, kým špajľa zapichnutá do stredu nevyjde čistá. . Necháme vychladnúť.

Na prípravu náplne zmiešajte kukuričnú múku, cukor a soľ a potom zašľahajte mlieko do hladka. Pridajte maslo alebo margarín po kúskoch a šľahajte na miernom ohni asi 2 minúty, kým nezhustne. Pridajte citrónovú šťavu a kôru. Necháme vychladnúť a dáme do chladničky.

Na prípravu polevy zmiešajte všetky ingrediencie okrem vanilkovej esencie a kokosu v žiaruvzdornej miske umiestnenej nad panvicou s vriacou vodou. Šľaháme asi 5 minút do tuha. Pridajte vanilkovú esenciu a šľahajte ďalšie 2 minúty.

Na zostavenie koláča namažte základnú vrstvu polovicou citrónovej plnky a posypte 25 g / 1 oz / ¼ šálky kokosu. Opakujte s druhou vrstvou. Polevu natrieme na vrch a boky torty a posypeme zvyšným kokosom.

Americký cmarový koláč

Urobí tortu 23 cm / 9

100 g / 4 oz / ½ šálky masla alebo margarínu, zmäknutého

225 g / 8 uncí / 1 šálka práškového cukru (veľmi jemný)

2 vajcia, zľahka rozšľahané

5 ml / 1 ČL strúhanej citrónovej kôry

5 ml / 1 ČL vanilkovej esencie (extrakt)

225 g / 8 uncí / 2 šálky samokysnúcej múky (samokysnúca)

5 ml / 1 ČL prášku do pečiva

5 ml / 1 ČL sódy bikarbóny (jedlej sódy)

Trochu soli

250 ml / 8 fl oz / 1 šálka cmaru

citrónová náplň

Maslo alebo margarín a cukor vyšľaháme do svetlej a nadýchanej hmoty. Postupne zašľaháme vajíčka, potom pridáme citrónovú kôru a vanilkovú esenciu. Múku, prášok do pečiva, sódu bikarbónu a soľ zmiešame a striedavo s cmarom pridávame do zmesi. Dobre vyšľahajte do hladka. Zmes nalejeme do dvoch vymastených a múkou vysypaných 23 cm / 9 tortových foriem (pekáčov) a pečieme v predhriatej rúre pri teplote 180 °C / 350 °F / plyn 4 25 minút, kým nie sú pevné na dotyk. Pred umiestnením na mriežku ochlaďte vo formách 5 minút, aby ste dokončili chladenie. Keď vychladne, urobte sendvič spolu s citrónovou plnkou.

Karibský zázvorový rumový koláč

Urobí tortu 20 cm / 8

50 g / 2 oz / ¼ šálky masla alebo margarínu

120 ml / 4 fl oz / ½ šálky čiernej melasy (melasy)

1 vajce, zľahka rozšľahané

60 ml / 4 polievkové lyžice rumu

100 g / 4 oz / 1 šálka samokysnúcej múky (samokysnúca)

10 ml / 2 ČL zázvoru v prášku

75 g / 3 oz / 1/3 šálky mäkkého hnedého cukru

25 g / 1 oz kandizovaného (kandizovaného) zázvoru, mletého

Na miernom ohni rozpustíme maslo alebo margarín s melasou a necháme mierne vychladnúť. Zvyšné ingrediencie spojíme a vypracujeme vláčne cesto. Nalejte do vymastenej a vysypanej formy s priemerom 20 cm / 8 krúžkov (pekáč) a vložte do predhriatej rúry na 200 °C / 400 °F / plyn číslo 6 na 20 minút, kým dobre nevykysne a nie je pevná na dotyk.

Sachertorte

Urobí tortu 20 cm / 8

200 g / 7 oz / 1¾ šálky hladkej čokolády (polosladkej)

8 vajec, oddelených

100 g / 4 oz / ½ šálky nesoleného (sladkého) masla, rozpusteného

2 bielka

Trochu soli

150 g / 5 uncí / 2/3 šálky práškového cukru (veľmi jemný)

Pár kvapiek vanilkovej esencie (extrakt)

100 g / 4 oz / 1 šálka hladkej múky (univerzálne)

Na polevu (polevu):
150 g / 5 oz / 1 ¼ šálky hladkej čokolády (polosladkej)

250 ml / 8 fl oz / 1 šálka obyčajného krému (svetlého)

175 g / 6 oz / ¾ šálky práškového cukru (veľmi jemného)

Pár kvapiek vanilkovej esencie (extrakt)

1 rozšľahané vajce

100 g / 4 oz / 1/3 šálky marhuľového džemu (z konzervy), preosiateho (precedeného)

Čokoládu rozpustíme v žiaruvzdornej miske nad panvicou s vriacou vodou. Odstráňte z ohňa. Zľahka vyšľaháme žĺtky s maslom a pridáme rozpustenú čokoládu. Z bielkov a soli vyšľaháme tuhý sneh, postupne pridávame cukor a vanilkový extrakt a ďalej šľaháme, kým sa nevytvoria tuhé vrcholy. Postupne zapracujte do čokoládovej zmesi a potom pridajte múku. Zmes nalejte do dvoch vymastených a vysypaných tortových foriem s priemerom 20 cm / 8 a pečte v predhriatej rúre pri teplote 180 °C / 350 °F / plyn 4 počas 45 minút, kým špajľa zapichnutá do stredu nevyjde čistá. Vyklopíme na mriežku a necháme vychladnúť.

Na prípravu polevy roztopte čokoládu so smotanou, cukrom a vanilkovou esenciou na miernom ohni, kým sa dobre nerozmiešajú, a potom varte 5 minút bez miešania. Pár lyžíc čokoládovej zmesi zmiešame s vajíčkom, pridáme k čokoláde a za stáleho miešania povaríme 1 minútu. Odstráňte z tepla a nechajte vychladnúť na izbovú teplotu.

Koláčiky obložte marhuľovým džemom. Celý koláč pokryjeme čokoládovou polevou a povrch uhladíme špachtľou alebo špachtľou. Nechajte vychladnúť a niekoľko hodín v chladničke, kým poleva nestuhne.

Karibský rumový koláč

Urobí tortu 20 cm / 8

450 g / 1 lb / 22/3 šálky zmiešaného sušeného ovocia (zmes ovocných koláčov)

225 g / 8 oz / 11/3 šálky sultánky (zlaté hrozienka)

100 g / 4 oz / 2/3 šálky hrozienok

100 g / 4 oz / 2/3 šálky ríbezlí

50 g / 2 oz / ¼ šálky glazúrovaných čerešní (kandizovaných)

300 ml / ½ pt / 1¼ šálky červeného vína

225 g / 8 oz / 1 šálka masla alebo margarínu, zmäknutého

225 g / 8 uncí / 1 šálka mäkkého hnedého cukru

5 vajec, zľahka rozšľahaných

10 ml / 2 ČL čiernej melasy (melasy)

225 g / 8 uncí / 2 šálky hladkej múky (univerzálne)

50 g / 2 oz / ½ šálky mletých mandlí

5 ml / 1 ČL škoricového prášku

5 ml / 1 lyžička strúhaného muškátového oriešku

5 ml / 1 ČL vanilkovej esencie (extrakt)

300 ml / ½ bodu / 1¼ šálky rumu

Na panvicu dáme všetko ovocie a víno a privedieme do varu. Znížte teplo na minimum, prikryte a nechajte 15 minút, potom odstráňte z tepla a ochlaďte. Maslo alebo margarín a cukor vyšľaháme do svetlej a nadýchanej hmoty a postupne vmiešame vajíčka a melasu. Spojte suché prísady. Vmiešame ovocnú zmes, vanilkovú esenciu a 45 ml / 3 lyžice rumu. Nalejte do vymastenej 20 cm / 8 palcovej formy vymastenej a vystlanej lyžicou a vložte do predhriatej rúry na 160 °C / 325 °F / plynová značka 3 na 3 hodiny, kým dobre nevykysne a špíz zapichnutý do stredu nevyjde čistý. . Ochlaďte na panvici 10 minút, potom položte na mriežku, aby ste dokončili chladenie. Vrch torty prepichneme tenkou špajdľou a podlejeme zvyšným rumom. Zabaľte do hliníkovej fólie a nechajte zrieť čo najdlhšie.

Dánsky maslový koláč

Urobí tortu 23 cm / 9

225 g / 8 oz / 1 šálka masla alebo margarínu, nakrájaného na kocky

175 g / 6 uncí / 1 ½ šálky hladkej múky (univerzálne)

40 g / 1½ oz čerstvého droždia alebo 60 ml / 4 polievkové lyžice sušeného droždia

15 ml / 1 polievková lyžica kryštálového cukru

1 rozšľahané vajce

½ množstva dánskej smotanovej plnky

60 ml / 4 lyžice práškového cukru, preosiateho

45 ml / 3 lyžice ríbezlí

Do múky nastrúhajte 100 g / 4 oz / ½ šálky masla alebo margarínu. Droždie a kryštálový cukor vyšľaháme, pridáme k múke a maslu s vajcom a šľaháme, kým nám nevznikne hladké cesto. Prikryte a nechajte na teplom mieste asi 1 hodinu, kým nezdvojnásobí svoj objem.

Preložíme na pomúčenú dosku a dobre premiešame. Tretinu cesta rozvaľkáme a vyložíme dnom vymastenej tortovej formy (23 cm / 9) s voľným dnom (pekáč). Na cesto natrieme krémovú plnku. Zvyšné cesto rozvaľkajte na obdĺžnik hrubý asi 5 mm / ¼. Zvyšné maslo alebo margarín vyšľaháme s práškovým cukrom a vmiešame ríbezle. Rozotrite na cesto, na okrajoch nechajte medzeru a cesto zrolujte na kratšej strane. Nakrájame na plátky a poukladáme na krémovú plnku. Prikryjeme a necháme na teplom mieste kysnúť asi 1 hodinu. Pečieme v predhriatej 230°C/450°F/plynovej rúre, značka 8, 25–30 minút, kým dobre nevykysne a nebude na vrchu zlatistá.

Dánsky kardamónový koláč

Pripraví koláč s hmotnosťou 900 g / 2 lb

225 g / 8 oz / 1 šálka masla alebo margarínu, zmäknutého

225 g / 8 uncí / 1 šálka práškového cukru (veľmi jemný)

3 vajcia

350 g / 12 oz / 3 šálky hladkej múky (univerzálne)

10 ml / 2 ČL prášku do pečiva

10 semienok kardamónu, mletých

150 ml / ¼ pt / 2/3 šálky mlieka

45 ml / 3 polievkové lyžice hrozienok

45 ml / 3 polievkové lyžice nasekanej zmiešanej kôry (kandizovaná)

Maslo alebo margarín a cukor vyšľaháme do svetlej a nadýchanej hmoty. Postupne pridávajte vajcia, po každom pridaní dobre šľahajte. Zmiešame múku, prášok do pečiva a kardamón. Postupne pridávame mlieko, hrozienka a rozmixovanú kôru. Presuňte do vymastenej a vystlanej 900 g / 2 lb formy na pečenie a pečte v predhriatej rúre pri teplote 190 °C / 375 °F / plyn číslo 5 počas 50 minút, kým špajľa zasunutá v strede nevyskočí čistá.

Gateau Pithiviers

Urobí tortu 25 cm / 10

100 g / 4 oz / ½ šálky masla alebo margarínu, zmäknutého

100 g / 4 oz / ½ šálky práškového cukru (veľmi jemný)

1 vajce

1 žĺtok

100 g / 4 oz / 1 šálka mletých mandlí

30 ml / 2 lyžice rumu

Cesto lístkové 400g

Pre glazúru:

1 rozšľahané vajce

30 ml / 2 polievkové lyžice práškového cukru

Maslo alebo margarín a cukor vyšľaháme do svetlej a nadýchanej hmoty. Pridáme vajce a žĺtok, pridáme mandle a rum. Polovicu cesta (pasta) rozvaľkáme na pomúčenej doske a nakrájame na kruh s priemerom 23 cm / 9 cm. Uložíme na vlhký plech a na cesto rozotrieme plnku na 1 cm / ½ palca. Z okraja. Zvyšné cesto rozvaľkajte a nakrájajte na kruh 25 cm / 10. Z okraja tohto kruhu vyrežte krúžok 1 cm / ½ palca. Okraj základne cesta potrite vodou a pritlačte krúžok okolo okraja a jemne zatlačte, aby zapadol. Potrieme vodou a pritlačíme druhý kruh na vrch, pričom okraje utesníme. Okraje utesnite a stočte. Vrch potrieme rozšľahaným vajíčkom a čepeľou noža narysujeme na vrchu vzor radiálnych zárezov. Pečte v predhriatej rúre na 220 °C / 425 °F / plyn číslo 7 počas 30 minút, kým nie sú vystúpené a zlaté. Na vrch preosejte práškový cukor a pečte ďalších 5 minút, kým nebude lesklý. Podávajte teplé alebo studené.

Galette Des Rois

Urobí tortu 18 cm / 7

250 g / 9 oz / 2 ¼ šálky hladkej múky (univerzálne)

5 ml / 1 čajová lyžička soli

200 g / 7 oz / málo 1 šálka nesoleného masla (sladkého), nakrájaného na kocky

175 ml / 6 fl oz / ¾ šálky vody

1 vajce

1 vaječný bielok

Múku a soľ dáme do misy a v strede urobíme jamku. Pridajte 75 g / 3 oz / 1/3 šálky masla, vodu a celé vajce a miešajte, kým nezískate hladké cesto. Prikryte a nechajte 30 minút odpočívať.

Cesto rozvaľkáme na pomúčenej doske na dlhý obdĺžnik. Dve tretiny cesta posypeme jednou tretinou zvyšného masla. Odkryté cesto preložíme cez maslo, potom preložíme zvyšok cesta na vrch. Okraje utesnite a dajte na 10 minút do chladničky. Cesto opäť rozvaľkáme a zopakujeme s polovicou zvyšného masla. Ochlaďte, otvorte a pridajte zvyšné maslo, potom dajte do chladničky na posledných 10 minút.

Cesto rozvaľkajte na kruh s hrúbkou 2,5 cm / 1 s priemerom asi 18 cm / 7. Poukladáme na vymastený plech, potrieme bielkom a necháme 15 minút postáť. Pečte v predhriatej rúre pri teplote 180 °C/350 °F/plyn číslo 4 počas 15 minút, kým dobre nenarastie a nezozlatne.

Karamelový krém

Urobí tortu 15 cm / 6

Na karamel:

100 g / 4 oz / ½ šálky práškového cukru (veľmi jemný)

150 ml / ¼ pt / 2/3 šálky vody

Na krém:

600 ml / 1 bod / 2½ šálky mlieka

4 vajcia, zľahka rozšľahané

15 ml / 1 polievková lyžica krupicového cukru (veľmi jemný)

1 pomaranč

Ak chcete pripraviť karamel, vložte cukor a vodu do malého hrnca a rozpustite na miernom ohni. Priveďte do varu a potom varte bez miešania asi 10 minút, kým sirup nezíska tmavohnedú farbu. Nalejte do misky na suflé s priemerom 15 cm / 6 cm a nakloňte ju tak, aby karamel stekal po dne.

Na prípravu krému zohrejeme mlieko, zalejeme vajcami a cukrom a dobre vyšľaháme. Nalejte do misky. Nádobu vložíme do zapekacej misy (pekáča) naplnenej horúcou vodou do polovice stien nádoby. Pečte v predhriatej rúre pri teplote 325 °F/170 °C/plyn značka 3 počas 1 hodiny, kým stuhne. Pred preložením na servírovací tanier nechajte vychladnúť. Pomaranč ošúpte a vodorovne nakrájajte, potom každý plátok rozrežte na polovicu. Poukladajte okolo karamelu na ozdobenie.

Gugelhopf

Urobí tortu 20 cm / 8

25 g / 1 oz čerstvého droždia alebo 40 ml / 2 ½ lyžice sušeného droždia

120 ml / 4 fl oz / ½ šálky teplého mlieka

100 g / 4 oz / 2/3 šálky hrozienok

15 ml / 1 polievková lyžica rumu

450 g / 1 lb / 4 šálky hladkej pevnej múky (chlieb)

5 ml / 1 čajová lyžička soli

Štipka strúhaného muškátového orieška

100 g / 4 oz / ½ šálky práškového cukru (veľmi jemný)

Nastrúhaná kôra z 1 citróna

175 g / 6 oz / ¾ šálky masla alebo margarínu, zmäknutého

3 vajcia

100 g / 4 unce / 1 šálka blanšírovaných mandlí

práškový cukor na posypanie

Droždie rozšľaháme s trochou teplého mlieka a necháme 20 minút na teplom mieste, kým sa nevytvorí pena. Hrozienka dáme do misky, pokvapkáme rumom a necháme nasiaknuť. Do misy dáme múku, soľ a muškátový oriešok a pridáme cukor a citrónovú kôru. V strede urobte jamku, nalejte do nej droždie, zvyšné mlieko, maslo alebo margarín a vajcia a spolu vypracujte cesto. Vložte do naolejovanej misy, prikryte naolejovaným plastovým obalom (igelitom) a nechajte na teplom mieste 1 hodinu, kým nezdvojnásobí svoj objem. Formu s priemerom 20 cm / 8 gugelhopfov (ryhovaná rúrková forma) bohato vymastite maslom a okolo základne položte mandle. Do vykysnutého cesta vmiešame hrozienka a rum a dobre premiešame. Zmes nalejte do formy, prikryte a nechajte na teplom mieste 40 minút, kým cesto takmer nezdvojnásobí svoj objem a nedosiahne vrch formy. Pečte v predhriatej rúre pri teplote 200 °C/400 °F/plyn 6 počas 45 minút, kým špajľa vložená do stredu nevyjde čistá. Na konci pečenia prikryte dvojitou vrstvou pergamenového (voskovaného) papiera, ak koláč príliš zhnedne. Rozbalte a nechajte vychladnúť, potom posypte práškovým cukrom.

Luxusná čokoláda Gugelhopf

Urobí tortu 20 cm / 8

25 g / 1 oz čerstvého droždia alebo 40 ml / 2 ½ lyžice sušeného droždia

120 ml / 4 fl oz / ½ šálky teplého mlieka

50 g / 2 oz / 1/3 šálky hrozienok

50 g / 2 oz / 1/3 šálky ríbezlí

25 g / 1 oz / 3 lyžice nasekanej zmiešanej kôry (kandizované)

15 ml / 1 polievková lyžica rumu

450 g / 1 lb / 4 šálky hladkej pevnej múky (chlieb)

5 ml / 1 čajová lyžička soli

5 ml / 1 ČL mletého nového korenia

Štipka práškového zázvoru

100 g / 4 oz / ½ šálky práškového cukru (veľmi jemný)

Nastrúhaná kôra z 1 citróna

175 g / 6 oz / ¾ šálky masla alebo margarínu, zmäknutého

3 vajcia

Na strechu:

60 ml / 4 lyžice marhuľového džemu (zaváranie), preosiateho (prepasírovaného)

30 ml / 2 polievkové lyžice vody

100 g / 4 oz / 1 šálka hladkej čokolády (polosladkej)

50 g / 2 oz / ½ šálky lúpaných mandlí (v plátkoch), opražených

Droždie rozšľaháme s trochou teplého mlieka a necháme 20 minút na teplom mieste, kým sa nevytvorí pena. Do misky dáme hrozienka, hrozienka a zmiešané šupky, pokvapkáme rumom a namočíme. Múku, soľ a korenie dáme do misy a pridáme cukor a citrónovú kôru. V strede urobte jamku, nalejte droždie, zvyšné mlieko a vajcia a spolu vypracujte cesto. Vložte do naolejovanej misy, prikryte naolejovaným plastovým obalom (igelitom) a nechajte na teplom mieste 1 hodinu, kým nezdvojnásobí svoj objem. Do vykysnutého cesta vmiešame ovocie a rum a dobre premiešame. Cesto preložíme do dobre vymastenej 20 cm/8 gugelhopfovej formy, prikryjeme a necháme na teplom mieste 40 minút, kým cesto takmer nezdvojnásobí svoj objem a nedosiahne vrch formy. Pečte v predhriatej rúre pri teplote 200 °C/400 °F/plyn 6 počas 45 minút, kým špajľa vložená do stredu nevyjde čistá. Na konci pečenia koláč prikryjeme dvojitou vrstvou pergamenového (voskovaného) papiera, ak koláč príliš hnedne. Rozvinieme a necháme vychladnúť.

Zahrejte džem s vodou, miešajte do hladka. Potrieme tortou. Čokoládu rozpustíme v žiaruvzdornej miske nad panvicou s vriacou vodou. Natrieme na koláč a na základ natrieme mandľové vločky pred stuhnutím čokolády.

Ukradnutý

Vyrobí tri 350g / 12oz koláče

15 g / ½ oz čerstvého droždia alebo 20 ml / 4 lyžičky sušeného droždia

15 ml / 1 polievková lyžica krupicového cukru (veľmi jemný)

120 ml / 4 fl oz / ½ šálky horúcej vody

25 g / 1 unca / ¼ šálky hladkej pevnej múky (chlieb)

Na ovocné cesto:

450 g / 1 lb / 4 šálky hladkej pevnej múky (chlieb)

5 ml / 1 čajová lyžička soli

75 g / 3 oz / 1/3 šálky cukru demerara

1 vajce, zľahka rozšľahané

225 g / 8 uncí / 11/3 šálky hrozienok

30 ml / 2 lyžice rumu

50 g / 2 oz / 1/3 šálky nasekanej zmiešanej kôry (kandizovaná)

50 g / 2 oz / ½ šálky mletých mandlí

5 ml / 1 ČL škoricového prášku

100 g / 4 oz / ½ šálky rozpusteného masla alebo margarínu

175 g / 6 oz mandľová pasta

Pre glazúru:

1 vajce, zľahka rozšľahané

75 g / 3 oz / 1/3 šálky práškového cukru (veľmi jemný)

90 ml / 6 polievkových lyžíc vody

50 g / 2 oz / ½ šálky lúpaných mandlí (v plátkoch)

práškový cukor na posypanie

Na prípravu kváskovej zmesi zmiešajte droždie a cukor s teplou vodou a múkou na pastu. Nechajte na teplom mieste 20 minút, kým sa nevytvorí pena.

Na prípravu ovocného cesta vložte múku a soľ do misy, pridajte cukor a v strede vytvorte jamku. Pridajte vajíčko do kváskovej zmesi a miešajte, kým nezískate hladké cesto. Pridajte hrozienka, rum, zmiešané šupky, mleté mandle a škoricu a vymiešajte do hladka. Vložte do naolejovanej misy, prikryte naolejovaným plastovým obalom (igelitom) a nechajte na teplom mieste 30 minút.

Cesto rozdeľte na tretiny a rozvaľkajte na obdĺžniky s hrúbkou asi 1 cm / ½. Zvrchu potrieme maslom. Mandľovú pastu rozdeľte na tretiny a vyvaľkajte do tvarov klobás. Umiestnite jeden do stredu každého obdĺžnika a preložte cesto cez vrch. Zatočte so švom zospodu a uložte na vymastený (sušienkový) plech. Potrieme vajíčkom, prikryjeme naolejovaným plastovým obalom (igelitom) a necháme 40 minút na teplom mieste, kým nezdvojnásobí svoj objem.

Pečieme v predhriatej rúre pri teplote 220 °C/425 °F/plyn číslo 7 počas 30 minút do zlatista.

Medzitým povarte cukor s vodou 3 minúty, kým nezískate hustý sirup. Vrch každej štóly potrieme sirupom a posypeme mandľovými vločkami a práškovým cukrom.

Mandľová štóla

Urobí dva 450 g / 1 lb bochníky

15 g / ½ oz čerstvého droždia alebo 20 ml / 4 lyžičky sušeného droždia

50 g / 2 oz / ¼ šálky práškového cukru (veľmi jemný)

300 ml / ½ bodu / 1¼ šálky teplého mlieka

1 vajce

Nastrúhaná kôra z 1 citróna

Štipka strúhaného muškátového orieška

450 g / 1 lb / 4 šálky hladkej múky (univerzálne)

Trochu soli

100 g / 4 oz / 2/3 šálky nasekanej zmiešanej kôry (kandizované)

175 g / 6 uncí / 1½ šálky mandlí, nasekaných

50 g / 2 oz / ¼ šálky rozpusteného masla alebo margarínu

75 g / 3 unce / ½ šálky práškového (cukrárskeho) cukru, preosiateho, na posypanie

Droždie rozšľaháme s 5 ml / 1 ČL cukru a trochou teplého mlieka a necháme 20 minút na teplom mieste do peny. Vajíčko rozšľaháme so zvyšným cukrom, citrónovou kôrou a muškátovým oriešKom, potom primiešame kvások s múkou, soľou a zvyšným teplým mliekom a šľaháme, kým nám nevznikne vláčne cesto. Vložte do naolejovanej misy, prikryte naolejovaným plastovým obalom (igelitom) a nechajte na teplom mieste 30 minút.

Škrupinu a mandle premiešajte, znova prikryte a nechajte na teplom mieste 30 minút, kým nezdvojnásobia svoj objem.

Cesto rozdeľte na polovicu. Polovicu vyvaľkajte do formy na údeniny s priemerom 30 cm / 12. Roládu v strede zatlačte, aby ste vytvorili priehlbinu, potom jednu stranu prehnite pozdĺžne a jemne zatlačte. Opakujte s druhou polovicou. Oboje položte na vymastený a vystlaný plech na sušienky (sušienky), prikryte naolejovaným plastovým obalom (igelitom) a nechajte na teplom mieste 25 minút, kým nezdvojnásobí svoj objem. Pečte v predhriatej rúre pri teplote 200 °C/400 °F/plyn 6 počas 1 hodiny, kým nebude zlatohnedá a špáradlo zapichnuté do stredu nebude čisté. Teplé žemle bohato potrieme rozpusteným maslom a posypeme práškovým cukrom.

Stollen z pistáciových orieškov

Urobí dva 450 g / 1 lb bochníky

15 g / ½ oz čerstvého droždia alebo 20 ml / 4 lyžičky sušeného droždia

50 g / 2 oz / ¼ šálky práškového cukru (veľmi jemný)

300 ml / ½ bodu / 1¼ šálky teplého mlieka

1 vajce

Nastrúhaná kôra z 1 citróna

Štipka strúhaného muškátového orieška

450 g / 1 lb / 4 šálky hladkej múky (univerzálne)

Trochu soli

100 g / 4 oz / 2/3 šálky nasekanej zmiešanej kôry (kandizované)

100 g / 4 oz / 1 šálka nasekaných pistácií

100 g / 4 oz mandľová pasta

15 ml / 1 polievková lyžica maraschino likéru

50 g / 2 oz / 1/3 šálky práškového cukru, preosiateho

Na strechu:

50 g / 2 oz / ¼ šálky rozpusteného masla alebo margarínu

75 g / 3 unce / ½ šálky práškového (cukrárskeho) cukru, preosiateho, na posypanie

Droždie rozšľaháme s 5 ml / 1 ČL cukru a trochou teplého mlieka a necháme 20 minút na teplom mieste do peny. Vajíčko rozšľaháme so zvyšným cukrom, citrónovou kôrou a muškátovým orieškom, potom primiešame kvások s múkou, soľou a zvyšným teplým mliekom a šľaháme, kým nám nevznikne vláčne cesto. Vložte do naolejovanej misy, prikryte naolejovaným plastovým obalom (igelitom) a nechajte na teplom mieste 30 minút.

Rozdrvte zmes škrupín a pistácií, znova prikryte a nechajte na teplom mieste 30 minút, kým nezdvojnásobí svoj objem. Mandľovú pastu, likér a práškový cukor vypracujeme na pastu, rozvaľkáme na hrúbku 1 cm / ½ a nakrájame na kocky. Cesto nazbierajte tak, aby boli kocky celé.

Cesto rozdeľte na polovicu. Polovicu vyvaľkajte do formy na údeniny s priemerom 30 cm / 12. Roládu v strede zatlačte, aby ste vytvorili priehlbinu, potom jednu stranu prehnite pozdĺžne a jemne zatlačte. Opakujte s druhou polovicou. Oboje položte na vymastený a vystlaný plech na sušienky (sušienky), prikryte naolejovaným plastovým obalom (igelitom) a nechajte na teplom mieste 25 minút, kým nezdvojnásobí svoj objem. Pečte v predhriatej rúre pri teplote 200 °C/400 °F/plyn 6 počas 1 hodiny, kým nebude zlatohnedá a špáradlo zapichnuté do stredu nebude čisté. Teplé žemle bohato potrieme rozpusteným maslom a posypeme práškovým cukrom.

baklava

pred 24 rokmi

450 g / 1 lb / 2 šálky práškového cukru (veľmi jemný)

300 ml / ½ pt / 1 ¼ šálky vody

5 ml / 1 ČL citrónovej šťavy

30 ml / 2 polievkové lyžice ružovej vody

350 g / 12 oz / 1 ½ šálky nesoleného (sladkého) masla, rozpusteného

450 g / 1 lb filo cesta (pasta)

675 g / 1½ lb / 6 šálok mandlí, jemne nasekaných

Na výrobu sirupu rozpustite cukor vo vode na miernom ohni a občas premiešajte. Pridajte citrónovú šťavu a priveďte do varu. Varte 10 minút, kým nezíska sirup, potom pridajte ružovú vodu a nechajte vychladnúť, potom dajte do chladničky.

Veľkú zapekaciu misu potrieme rozpusteným maslom. Do formy navrstvíme polovicu plátkov, každý potrieme maslom. Prehnite okraje, aby náplň držala. Navrch posypeme mandľami. Pokračujte v rozotieraní zvyšného cesta, každý plát potrieme rozpusteným maslom. Povrch bohato potrieme maslom. Cesto nakrájajte na pastilky široké asi 5 cm / 2 cm. Pečieme v predhriatej rúre na 180°C/350°F/plyn značka 4 25 minút, kým nie sú chrumkavé a zlaté. Na vrch nalejeme studený sirup a necháme vychladnúť.

Maďarský stres víri

pred 16 rokmi

25 g / 1 oz čerstvého droždia alebo 40 ml / 2 ½ lyžice sušeného droždia

15 ml / 1 polievková lyžica jemného hnedého cukru

300 ml / ½ bodu / 1¼ šálky teplej vody

15 ml / 1 polievková lyžica masla alebo margarínu

450 g / 1 lb / 4 šálky celozrnnej múky (celozrnnej)

15 ml / 1 polievková lyžica sušeného mlieka (sušené odstredené mlieko)

5 ml / 1 ČL mletého korenia (jablkový koláč)

2,5 ml / ½ lyžičky soli

1 vajce

175 g / 6 uncí / 1 šálka ríbezlí

100 g / 4 oz / 2/3 šálky sultánky (zlaté hrozienka)

50 g / 2 oz / 1/3 šálky hrozienok

50 g / 2 oz / 1/3 šálky nasekanej zmiešanej kôry (kandizovaná)

Na strechu:

75 g / 3 oz / ¾ šálky celozrnnej múky (celozrnná)

50 g / 2 oz / ¼ šálky rozpusteného masla alebo margarínu

75 g / 3 oz / 1/3 šálky mäkkého hnedého cukru

25 g / 1 oz / ¼ šálky sezamových semienok

Na náplň:

50 g / 2 oz / ¼ šálky mäkkého hnedého cukru

50 g / 2 oz / ¼ šálky masla alebo margarínu, zmäkčeného

50 g / 2 oz / ½ šálky mletých mandlí

2,5 ml / ½ lyžičky strúhaného muškátového orieška

25 g / 2 oz / 1/3 šálky sušených sliviek (vykôstkovaných) nasekaných

1 rozšľahané vajce

Droždie a cukor zmiešame s trochou teplej vody a necháme na teplom mieste 10 minút do peny. Maslo alebo margarín vmiešame do múky, pridáme sušené mlieko, premiešame koreniny a soľ a v strede urobíme jamku. Pridajte vajce, kváskovú zmes a zvyšok teplej vody a miešajte, kým nevznikne cesto. Miesime, kým nebude hladké a elastické. Roztlačte hrozienka, sultánky, hrozienka a zmiešané šupky. Vložíme do naolejovanej misy, prikryjeme naolejovaným plastovým obalom (igelitom) a necháme 1 hodinu na teplom mieste.

Zmiešajte ingrediencie na polevu, kým nebudú drobivé. Na prípravu plnky vyšľaháme maslo alebo margarín s cukrom a pridáme mandle a muškátový oriešok. Cesto rozvaľkáme na veľký obdĺžnik hrubý asi 1/2 cm. Natrieme plnkou a posypeme sušenými slivkami. Zvinieme ako švajčiarsku rolku (Jello), okraje potrieme vajcom, aby sa zapečatilo. Nakrájajte na 1/2-palcové plátky a poukladajte do vymastenej plytkej zapekacej misy (pekáča). Potrieme vajíčkom a posypeme zmesou na polevu. Prikryjeme a necháme kysnúť na teplom mieste 30 minút. Pečte v predhriatej rúre pri teplote 220 °C/425 °F/plyn 7 počas 30 minút.

Panforte

Urobí tortu 23 cm / 9

175 g / 6 oz / ¾ šálky kryštálového cukru

175 g / 6 uncí / ½ šálky čistého medu

100 g / 4 oz / 2/3 šálky sušených fíg, nasekaných

100 g / 4 oz / 2/3 šálky nasekanej zmiešanej kôry (kandizované)

50 g / 2 oz / ¼ šálky glazovaných (kandizovaných) čerešní, nasekaných

50 g / 2 oz / ¼ šálky glazovaného (kandizovaného) ananásu, nasekaného

175 g / 6 oz / 1 ½ šálky blanšírovaných mandlí, nahrubo nasekaných

100 g / 4 oz / 1 šálka vlašských orechov, nahrubo nasekaných

100 g / 4 oz / 1 šálka lieskových orechov, nahrubo nasekaných

50 g / 2 oz / ½ šálky hladkej múky (univerzálne)

25 g / 1 oz / ¼ šálky kakaového (nesladeného čokoládového) prášku

5 ml / 1 ČL škoricového prášku

Štipka strúhaného muškátového orieška

15 ml / 1 polievková lyžica práškového (cukrárskeho) cukru, preosiateho

V hrnci rozpustite kryštálový cukor v mede a dajte na mierny oheň. Priveďte do varu a varte 2 minúty, kým nezískate hustý sirup. Zmiešajte ovocie a orechy a pridajte múku, kakao a korenie. Pridajte sirup. Zmes nalejte do vymastenej 23 cm / 9 palcovej sendvičovej formy vyloženej ryžovým papierom. Pečieme v predhriatej rúre na 180°C/350°F/plyn značka 4 počas 45 minút. Ochlaďte na panvici 15 minút, potom položte na mriežku, aby sa ochladila. Pred podávaním posypte práškovým cukrom.

Makarónová stužková torta

Urobí tortu 23 cm / 9

300 g / 11 oz / 2¾ šálky hladkej múky (univerzálne)

50 g / 2 oz / ¼ šálky rozpusteného masla alebo margarínu

3 rozšľahané vajcia

Trochu soli

225 g / 8 oz / 2 šálky nasekaných mandlí

200 g / 7 uncí / málo 1 šálka práškového cukru (veľmi jemný)

Nastrúhaná kôra a šťava z 1 citróna

90 ml / 6 lyžíc Kirsch

Do misky dáme múku a v strede urobíme jamku. Pridajte maslo, vajce a soľ a šľahajte, kým nezískate mäkké cesto. Dobre vyvaľkáme a nakrájame na úzke pásiky. Zmiešajte mandle, cukor a citrónovú kôru. Tortovú formu s priemerom 23 cm / 9 palcov (pekáč) vymastíme a vysypeme múkou. Na dno formy poukladáme vrstvu stužiek cesta, posypeme trochou mandľovej zmesi a pokvapkáme trochou čerešne. Pokračujte v roztieraní a zakončite vrstvou rezancov. Prikryte pergamenovým papierom (voskovaným) a pečte pri teplote 180 °C/350 °F/plyn 4 počas 1 hodiny. Opatrne vyformujte a podávajte teplé alebo studené.

Taliansky ryžový koláč s Grand Marnier

Urobí tortu 20 cm / 8

1,5 litra / 2½ bodu / 6 šálok mlieka

Trochu soli

350 g / 12 oz / 1 ½ šálky ryže arborio alebo inej stredne zrnitej ryže

Nastrúhaná kôra z 1 citróna

60 ml / 4 lyžice krupicového cukru (veľmi jemný)

3 vajcia

25 g / 1 oz / 2 lyžice masla alebo margarínu

1 žĺtok

30 ml / 2 polievkové lyžice nasekanej zmiešanej kôry (kandizovaná)

225 g / 8 uncí / 2 šálky strúhaných mandlí (vo vločkách), opražených

45 ml / 3 polievkové lyžice Grand Marnier

30 ml / 2 lyžice suchej strúhanky

V hustom hrnci priveďte mlieko a soľ do varu, pridajte ryžu a citrónovú kôru, prikryte a za občasného miešania varte 18 minút. Odstráňte z ohňa a pridajte cukor, vajcia a maslo alebo margarín a nechajte vychladnúť. Vmiešame žĺtok, zmiešanú kôru, vlašské orechy a Grand Marnier. Tortovú formu s priemerom 20 cm / 8 palcov (pekáč) vymastíme a vysypeme strúhankou. Zmes vložte do formy a pečte v predhriatej rúre pri teplote 150 °C / 300 °F / plynová značka 2 počas 45 minút, kým špajľa vložená do stredu nevyjde čistá. Necháme vychladnúť vo forme, vyberieme z formy a podávame horúce.

Sicílska piškóta

Vyrobí tortu s rozmermi 23 x 9 cm / 7 x 3½
Madeira torta 450 g / 1 lb

Na náplň:

450 g / 1 lb / 2 šálky syra ricotta

50 g / 2 oz / ¼ šálky práškového cukru (veľmi jemný)

30 ml / 2 polievkové lyžice dvojitej smotany (ťažkej)

30 ml / 2 polievkové lyžice nasekanej zmiešanej kôry (kandizovaná)

15 ml / 1 polievková lyžica nasekaných mandlí

30 ml / 2 polievkové lyžice likéru s pomarančovou príchuťou

50 g / 2 oz / ½ šálky hladkej (polosladkej) čokolády, strúhanej

Na polevu (polevu):

350 g / 12 oz / 3 šálky hladkej čokolády (polosladkej)

175 ml / 6 fl oz / ¾ šálky silnej čiernej kávy

225 g / 8 oz / 1 šálka nesoleného masla (sladkého) alebo margarínu

Tortu nakrájajte pozdĺžne na 1/2 cm plátky. Na prípravu plnky prepasírujeme ricottu cez sito (sito) a vyšľaháme do hladka. Pridajte cukor, smotanu, zmiešané kôry, mandle, likér a čokoládu. Umiestnite vrstvy koláča a zmes ricotty do formy na pečenie (450 g / 1 lb) vyloženej fóliou a zakončite vrstvou koláča. Preložte fóliu cez vrch a dajte na 3 hodiny do chladničky, kým nebude pevná.

Ak chcete pripraviť polevu, rozpustite čokoládu a kávu v žiaruvzdornej miske umiestnenej nad hrncom s vriacou vodou. Pridajte maslo alebo margarín a pokračujte v šľahaní, kým nezískate homogénnu zmes. Necháme vychladnúť do zhustnutia.

Odstráňte koláč z fólie a položte ho na tanier. Vrch a boky koláča poprášte alebo namažte polevou a podľa potreby vidličkou vyryjte vzory. Ochlaďte do stuhnutia.

Talianska torta Ricotta

Urobí tortu 25 cm / 10

Na omáčku:

Maliny 225 g

250 ml / 8 fl oz / 1 šálka vody

50 g / 2 oz / ¼ šálky práškového cukru (veľmi jemný)

30 ml / 2 lyžice kukuričnej múky (kukuričný škrob)

Na náplň:

450 g / 1 lb / 2 šálky syra ricotta

225 g / 8 uncí / 1 šálka smotanového syra

75 g / 3 oz / 1/3 šálky práškového cukru (veľmi jemný)

5 ml / 1 ČL vanilkovej esencie (extrakt)

Nastrúhaná kôra z 1 citróna

Nastrúhaná kôra z 1 pomaranča

Jedna 25 cm / 10 anjelská torta

Omáčku pripravíte tak, že ingrediencie vyšľahajte do hladka, potom nalejte do malého hrnca a za stáleho miešania dajte na stredný oheň, kým omáčka nezhustne a neprivedie do varu. Preceďte a vyhoďte semienka, ak chcete. Prikryte a dajte do chladničky.

Ak chcete pripraviť náplň, šľahajte všetky ingrediencie, kým sa dobre nezmiešajú.

Koláč rozrežte vodorovne na tri vrstvy a obložte ich dvoma tretinami plnky a zvyšok rozložte navrch. Prikryte a nechajte v chladničke až do podávania s omáčkou preliatou na vrchu.

Talianska torta Vermicelli

Urobí tortu 23 cm / 9

225 g / 8 oz vermicelli

4 samostatné vajcia

200 g / 7 uncí / málo 1 šálka práškového cukru (veľmi jemný)

225 g syra ricotta

2,5 ml / ½ lyžičky škoricového prášku

2,5 ml / ½ lyžičky mletých klinčekov

Trochu soli

50 g / 2 oz / ½ šálky hladkej múky (univerzálne)

50 g / 2 oz / 1/3 šálky hrozienok

45 ml / 3 lyžice čistého medu

Jednoduchý (ľahký) alebo dvojitý (ťažký) krém na servírovanie

Priveďte do varu veľký hrniec vody, pridajte cestoviny a varte 2 minúty. Scedíme a premyjeme v studenej vode. Žĺtky vyšľaháme s cukrom, kým nám nevznikne svetlý a nadýchaný krém. Pridajte ricottu, škoricu, klinčeky a soľ a pridajte múku. Vmiešame hrozienka a cestoviny. Z bielkov vyšľaháme mäkké šľahačky a potom ich vmiešame do tortovej zmesi. Vylejeme do vymastenej a vysypanej tortovej formy s priemerom 23 cm / 9 a pečieme v predhriatej rúre pri teplote 200 °C / 400 °F / plyn 6 počas 1 hodiny do zlatista. Med jemne zohrejte a polejte ním horúci koláč. Podávame horúce so smotanou.

Taliansky koláč z orechov a mascarpone

Urobí tortu 23 cm / 9

Lístkové cesto 450 g / 1 lb

175 g / 6 oz / ¾ šálky syra Mascarpone

50 g / 2 oz / ¼ šálky práškového cukru (veľmi jemný)

30 ml / 2 lyžice marhuľového džemu (konzerva)

3 žĺtky

50 g / 2 oz / ½ šálky vlašských orechov, nasekaných

100 g / 4 oz / 2/3 šálky nasekanej zmiešanej kôry (kandizované)

Jemne nastrúhaná kôra z 1 citróna

Práškový cukor, preosiaty, na posypanie

Cesto rozvaľkáme a polovicou vyložíme vymastený 23 cm / 9 vymastený plech (pekáč). Mascarpone vyšľaháme s cukrom, džemom a 2 žĺtkami. 15 ml / 1 polievková lyžica vlašských orechov si necháme na ozdobu a zvyšok zmiešame s citrónovou kôrou a kôrou. Vložte do formy na pečivo (koláč). Plnku prikryjeme zvyšným cestom (pastou), navlhčíme a zalepíme okraje. Zvyšok žĺtka rozšľaháme a potrieme. Pečte v predhriatej rúre pri teplote 200 °C/400 °F/plyn číslo 6 počas 35 minút, kým nie sú vystúpené a zlaté. Posypeme odloženými vlašskými orechmi a posypeme práškovým cukrom.

Holandský jablkový koláč

Podáva 8

150 g / 5 uncí / 2/3 šálky masla alebo margarínu

225 g / 8 uncí / 2 šálky hladkej múky (univerzálne)

5 ml / 1 ČL prášku do pečiva

2 oddelené vajcia

10 ml / 2 čajové lyžičky citrónovej šťavy

900 g / 2 lb varených (koláčových) jabĺk, ošúpaných, zbavených jadierok a nakrájaných na plátky

175 g / 6 uncí / 1 šálka hotových sušených marhúľ, rozdelených na štvrtiny

100 g / 4 oz / 2/3 šálky hrozienok

30 ml / 2 polievkové lyžice vody

5 ml / 1 ČL škoricového prášku

50 g / 2 oz / ½ šálky mletých mandlí

Maslo alebo margarín votrite do múky a droždia, kým zmes nebude pripomínať strúhanku. Pridáme žĺtky a 5 ml / 1 ČL citrónovej šťavy a vymiešame do hladka. Dve tretiny cesta rozvaľkáme a vystelieme vymastenou 23 cm tortovou formou (formou).

Plátky jabĺk, marhule a hrozienka vložte do hrnca so zvyšnou citrónovou šťavou a vodou. Varte domäkka 5 minút a sceďte. Vložte ovocie do formy na pečivo. Zmiešame škoricu s mletými mandľami a posypeme navrch. Zvyšok cesta rozvaľkáme a urobíme vrchnák na koláč. Okraj utesníme trochou vody a vrch potrieme bielkom. Pečieme v predhriatej rúre na 180°C/350°F/plyn číslo 4 asi 45 minút, kým nie sú pevné a zlaté.

Nórsky obyčajný koláč

Urobí tortu 25 cm / 10

225 g / 8 oz / 1 šálka masla alebo margarínu, zmäknutého

275 g / 10 oz / 1 ¼ šálky práškového cukru (veľmi jemný)

5 vajec

175 g / 6 uncí / 1 ½ šálky hladkej múky (univerzálne)

7,5 ml / 1 ½ lyžičky prášku do pečiva

Trochu soli

5 ml / 1 ČL mandľovej esencie (extrakt)

Šľahajte maslo alebo margarín a cukor, kým sa dobre nezmiešajú. Postupne pridávajte vajcia, po každom pridaní dobre šľahajte. Zmiešajte múku, prášok do pečiva, soľ a mandľovú esenciu, až kým nebude hladká. Preložíme do nevymastenej tortovej formy s priemerom 25 cm / 10 cm a pečieme v predhriatej rúre pri teplote 160 °C / 320 °F / plyn číslo 3 počas 1 hodiny, kým nebude na dotyk pevná. Pred umiestnením na mriežku ochlaďte na panvici 10 minút.

Nórsky Kransekake

Urobí tortu 25 cm / 10

450 g / 1 lb / 4 šálky mletých mandlí

100 g / 4 unce / 1 šálka mletých horkých mandlí

450 g / 1 lb / 22/3 šálky práškového cukru

3 vaječné bielka

Na polevu (polevu):
75 g / 3 oz / ½ šálky práškového cukru (cukrovinky)

½ vaječného bielka

2,5 ml / ½ lyžičky citrónovej šťavy

V hrnci zmiešame mandle a práškový cukor. Pridajte vaječný bielok a zmes umiestnite na mierny oheň, kým nebude vlažná. Odstráňte z tepla a vmiešajte zvyšné bielka. Nalejte zmes do cukrárskeho vrecka vybaveného 1 cm / ½-palcovou drážkovanou špičkou. A potrubie 25 cm / 10 palcov. V priemere na vymastený plech (sušienka). Pokračujte v špirálach, každá 5 mm / ¼ palca. Menší ako ten predchádzajúci, kým nebudete mať 5 cm / 2 v kruhu. Pečieme v predhriatej rúre na 150°C/300°F/plyn značka 2 asi 15 minút do svetlohneda. Ešte horúce ich položte na seba a vytvorte vežu.

Zmiešajte ingrediencie na polevu a pomocou jemnej trysky prechádzajte cik-cak po koláči.

Portugalské kokosové koláče

pred 12 rokmi

4 samostatné vajcia

450 g / 1 lb / 2 šálky práškového cukru (veľmi jemný)

450 g / 1 lb / 4 šálky sušeného kokosu (strúhaného)

100 g / 4 oz / 1 šálka ryžovej múky

50 ml / 2 fl oz / 3 ½ lyžice ružovej vody

1,5 ml / ¼ lyžičky mletej škorice

1,5 ml / ¼ lyžičky mletého kardamónu

Štipka mletých klinčekov

Štipka strúhaného muškátového orieška

25 g / 1 oz / ¼ šálky lúpaných mandlí (v plátkoch)

Žĺtky vyšľaháme s cukrom, kým nezískame číry krém. Pridajte kokos a pridajte múku. Pridajte ružovú vodu a korenie. Z bielkov vyšľaháme tuhý sneh a vmiešame do zmesi. Vylejeme do vymastenej štvorcovej formy 25 cm / 10 cm a posypeme mandľami. Pečte v predhriatej rúre na 180°C/350°F/plyn značka 4 počas 50 minút, kým špajľa vložená do stredu nevyjde čistá. Nechajte 10 minút vychladnúť na panvici a potom nakrájajte na štvorce.

Škandinávska torta Tosca

Urobí tortu 23 cm / 9

2 vajcia

150 g / 5 uncí / 2/3 šálky mäkkého hnedého cukru

50 g / 2 oz / ¼ šálky rozpusteného masla alebo margarínu

10 ml / 2 ČL strúhanej pomarančovej kôry

150 g / 5 uncí / 1 ¼ šálky hladkej múky (univerzálne)

7,5 ml / 1 ½ lyžičky prášku do pečiva

60 ml / 4 polievkové lyžice dvojitej smotany (ťažkej)

Na strechu:

50 g / 2 oz / ¼ šálky masla alebo margarínu

50 g / 2 oz / ¼ šálky práškového cukru (veľmi jemný)

100 g / 4 oz / 1 šálka mandlí, nasekaných

15 ml / 1 polievková lyžica dvojitej smotany (ťažkej)

30 ml / 2 lyžice hladkej múky (univerzálne)

Vajcia vyšľaháme s cukrom, kým nezískame svetlý a nadýchaný krém. Pridajte maslo alebo margarín a pomarančovú kôru, potom pridajte múku a prášok do pečiva. Pridajte smotanu. Zmes vylejeme do vymastenej a vysypanej tortovej formy s priemerom 23 cm / 9 cm a vložíme do vyhriatej rúry na 180 °C / 350 °C / plyn 4 na 20 minút.

Na polevu zohrejte ingrediencie v hrnci, miešajte, kým sa dobre nezmiešajú, a potom priveďte do varu. Nalejte na koláč. Zvýšte teplotu rúry na 200 °C / 400 °F / plynová značka 6 a koláč vráťte do rúry na ďalších 15 minút, kým nebude zlatohnedá.

Hertzog cookies z Južnej Afriky

pred 12 rokmi

75 g / 3 oz / ¾ šálky hladkej múky (univerzálne)

15 ml / 1 polievková lyžica krupicového cukru (veľmi jemný)

5 ml / 1 ČL prášku do pečiva

Trochu soli

40 g / 1½ unce / 3 lyžice masla alebo margarínu

1 veľký vaječný žĺtok

5 ml / 1 čajová lyžička mlieka

Na náplň:

30 ml / 2 lyžice marhuľového džemu (konzerva)

1 veľký vaječný bielok

100 g / 4 oz / ½ šálky práškového cukru (veľmi jemný)

50 g / 2 oz / ½ šálky sušeného kokosu (strúhaného)

Zmiešame múku, cukor, droždie a soľ. Vtierajte maslo alebo margarín, kým zmes nebude pripomínať strúhanku. Pridajte žĺtok a toľko mlieka, aby ste získali mäkké cesto. Dobre premiešajte. Cesto vyvaľkáme na pomúčenej doske, vykrajovátkom na sušienky (sušienky) nakrájame na kolieska a vyložíme ním vymastené formy na hamburgery. Do stredu každého položte lyžicu džemu.

Na prípravu plnky vyšľaháme z bielkov tuhý sneh, potom pridáme cukor, až kým nebude tuhý a lesklý. Pridajte kokos. Nalejte náplň do foriem (koláčových škrupín), pričom nezabudnite zakryť džem. Pečieme v predhriatej rúre pri teplote 180 °C/350 °F/plyn číslo 4 20 minút do zlatista. Pred umiestnením na mriežku ochlaďte vo formách 5 minút, aby ste dokončili chladenie.

Baskická torta

Urobí tortu 25 cm / 10

Na náplň:

50 g / 2 oz / ¼ šálky práškového cukru (veľmi jemný)

25 g / 1 oz / ¼ šálky kukuričnej múky (kukuričný škrob)

2 žĺtky

300 ml / ½ pt / 1¼ šálky mlieka

½ vanilkového struku (fazuľa)

Trochu práškového cukru

Na tortu:

275 g / 10 oz / 1¼ šálky masla alebo margarínu, zmäknutého

175 g / 5 uncí / ¼ šálky práškového cukru (veľmi jemný)

3 vajcia

5 ml / 1 ČL vanilkovej esencie (extrakt)

450 g / 1 lb / 4 šálky hladkej múky (univerzálne)

10 ml / 2 ČL prášku do pečiva

Trochu soli

15 ml / 1 polievková lyžica brandy

práškový cukor na posypanie

Na prípravu plnky vyšľaháme polovicu rafinovaného cukru s kukuričným škrobom, žĺtkami a trochou mlieka. Zvyšné mlieko a cukor priveďte s vanilkovým strukom do varu, potom pomaly prilievajte zmes vaječného cukru za stáleho šľahania. Privedieme do varu a za stáleho miešania varíme 3 minúty. Prelejeme do misy, poprášime práškovým cukrom, aby sa nevytvorila šupka, a necháme vychladnúť.

Na prípravu koláča vyšľaháme maslo alebo margarín a práškový cukor, kým nebude svetlý a nadýchaný. Postupne pridávame vajcia a vanilkovú esenciu, striedavo po lyžiciach múku, prášok do pečiva a soľ, potom pridáme zvyšok múky. Preneste zmes do vykrajovacieho vrecka vybaveného bežnou 1 cm / ½ tryskou na špičke (špičke) a polovicu zmesi špirálovite vypichnite na dno vymastenej a múkou vysypanej tortovej formy (pekáč) s priemerom 25 cm / 10 cm. Zakrúžkujte hornú časť okolo okraja, aby ste vytvorili okraj, ktorý bude obsahovať náplň. Vanilkový struk z náplne zlikvidujte, pridajte brandy a vyšľahajte do hladka, potom pokvapkajte zmesou na koláč. Zvyšok tortovej zmesi zrolujte do špirály cez vrch. Pečte v predhriatej rúre na 190 °C / 375 °F / plynová značka 5 počas 50 minút, kým nie sú zlatohnedé a pevné na dotyk.

Mandľový hranol a smotanový syr

Urobí tortu 23 cm / 9

200 g / 7 oz / 1¾ šálky masla alebo margarínu, zmäknutého

100 g / 4 oz / ½ šálky práškového cukru (veľmi jemný)

1 vajce

200 g / 7 uncí / mizivá 1 šálka smotanového syra

5 ml / 1 ČL citrónovej šťavy

2,5 ml / ½ lyžičky škoricového prášku

75 ml / 5 lyžíc brandy

90 ml / 6 polievkových lyžíc mlieka

30 sušienok sušienky (sušienky)

Na polevu (polevu):
60 ml / 4 polievkové lyžice rafinovaného cukru

30 ml / 2 lyžice kakaového prášku (čokoláda bez cukru).

100 g / 4 oz / 1 šálka hladkej čokolády (polosladkej)

60 ml / 4 polievkové lyžice vody

50 g / 2 oz / ¼ šálky masla alebo margarínu

100 g / 4 oz / 1 šálka lúpaných mandlí (v plátkoch)

Maslo alebo margarín a cukor vyšľaháme do svetlej a nadýchanej hmoty. Pridajte vajce, smotanový syr, citrónovú šťavu a škoricu. Položte veľký list hliníkovej fólie na pracovnú plochu. Zmiešajte brandy a mlieko. Namočte 10 sušienok do zmesi brandy a poukladajte na plech do obdĺžnika dve sušienky vysoké a päť dlhé. Na krekry natrieme tvarohovú zmes. Zvyšné sušienky namočte do brandy a mlieka a položte na zmes tak, aby vznikol dlhý trojuholníkový tvar. Preložte fóliu a nechajte cez noc v chladničke.

Na prípravu polevy priveďte cukor, kakao, čokoládu a vodu do varu v malom hrnci a varte 3 minúty. Odstráňte z tepla a pridajte maslo. Necháme trochu vychladnúť. Z koláča odstránime fóliu a na vrch natrieme čokoládovú zmes Ešte horúce roztlačíme mandle. Odložte do chladničky do stuhnutia.

Brána Čierneho lesa

Urobí tortu 18 cm / 7

175 g / 6 oz / ¾ šálky masla alebo margarínu, zmäknutého

175 g / 6 oz / ¾ šálky práškového cukru (veľmi jemného)

3 vajcia, zľahka rozšľahané

150 g / 5 uncí / 1 ¼ šálky samokysnúcej múky (samokysnúca)

25 g / 1 oz / ¼ šálky kakaového (nesladeného čokoládového) prášku

10 ml / 2 ČL prášku do pečiva

90 ml / 6 lyžíc čerešňového džemu (zaváranie)

100 g / 4 oz / 1 šálka hladkej (polosladkej) čokolády, jemne nastrúhanej

400 g / 14 oz / 1 veľká plechovka čiernych čerešní, scedené a šťava odložená

150 ml / ¼ pt / 2/3 šálky dvojitej smotany (ťažkej), šľahačky

10 ml / 2 lyžičky maranta

Maslo alebo margarín a cukor vyšľaháme do svetlej a nadýchanej hmoty. Postupne pridávame vajcia a pridávame múku, kakao a prášok do pečiva. Zmes rozdeľte medzi dve vymastené a vysypané 18 cm / 7 formičky na chlebíčky (formíny) a pečte v predhriatej rúre pri teplote 180 °C / 350 °F / plyn číslo 4 25 minút, kým nie sú pevné na dotyk. Necháme vychladnúť.

Koláčiky obložíme trochou džemu a zvyškom potrieme boky koláča. Nastrúhanú čokoládu natlačíme na boky torty. Na vrch atraktívne poukladajte čerešne. Krém natrieme okolo horného okraja torty. Šípky zohrejte s trochou čerešňovej šťavy a potrite na ovocie, aby stuhlo.

Čokoládová a mandľová gâteau

Urobí tortu 23 cm / 9

100 g / 4 oz / 1 šálka hladkej čokolády (polosladkej)

100 g / 4 oz / ½ šálky masla alebo margarínu, zmäknutého

150 g / 5 uncí / 2/3 šálky práškového cukru (veľmi jemný)

3 vajcia, oddelené

50 g / 2 oz / ½ šálky mletých mandlí

100 g / 4 oz / 1 šálka hladkej múky (univerzálne)

Na náplň:
225 g / 8 oz / 2 šálky hladkej čokolády (polosladkej)

300 ml / ½ bodu / 1¼ šálky dvojitej smotany (ťažkej)

75 g / 3 oz / ¼ šálky malinového džemu (konzerva)

Čokoládu rozpustíme v žiaruvzdornej miske nad panvicou s vriacou vodou. Maslo alebo margarín vyšľaháme s cukrom a pridáme čokoládu a žĺtky. Pridáme mleté mandle a múku. Z bielkov vyšľaháme tuhý sneh a vmiešame ho do zmesi. Vylejeme do vymastenej a vysypanej tortovej formy s priemerom 23 cm / 9 a pečieme v predhriatej rúre pri teplote 180 °C / 350 °F / plyn 4 počas 40 minút, kým nie sú pevné na dotyk. Necháme vychladnúť a tortu vodorovne prekrojíme na polovice.

Na prípravu plnky roztopte čokoládu a smotanu v žiaruvzdornej miske nad hrncom s vriacou vodou. Miešajte do hladka, potom nechajte vychladnúť, občas premiešajte. Koláčiky obložíme džemom a polovicou čokoládového krému, zvyšným krémom potrieme vrch a boky torty a odložíme bokom.

Čokoládový cheesecake Gateau

Urobí tortu 23 cm / 9

Pre základňu:

25 g / 1 oz / 2 polievkové lyžice práškového cukru (veľmi jemný)

175 g / 6 uncí / 1 ½ šálky strúhanky na tráviace sušienky (Grahamové sušienky)

75 g / 3 oz / 1/3 šálky rozpusteného masla alebo margarínu

Na náplň:

100 g / 4 oz / 1 šálka hladkej čokolády (polosladkej)

300 g / 10 oz / 1 ¼ šálky smotanového syra

3 vajcia, oddelené

45 ml / 3 lyžice kakaového prášku (čokoláda bez cukru).

25 g / 1 unca / ¼ šálky hladkej múky (univerzálne)

50 g / 2 oz / ¼ šálky mäkkého hnedého cukru

150 ml / ¼ pt / 2/3 šálky kyslej smotany (kyselina mliečna)

50 g / 2 unce / ¼ šálky práškového cukru (veľmi jemného) na ozdobu:

100 g / 4 oz / 1 šálka hladkej čokolády (polosladkej)

25 g / 1 oz / 2 lyžice masla alebo margarínu

120 ml / 4 fl oz / ½ šálky dvojitej smotany (ťažkej)

6 čerešní (kandizovaných)

Na výrobu základu vmiešame cukor a strúhanku do rozpusteného masla a vtlačíme do dna a bokov vymastenej 23 cm / 9 vymastenej formy (pekáča).

Na prípravu plnky roztopte čokoládu v žiaruvzdornej miske nad hrncom s vriacou vodou. Necháme trochu vychladnúť. Syr vyšľaháme so žĺtkami, kakaom, múkou, hnedým cukrom a smotanou a pridáme rozpustenú čokoládu. Z bielkov vyšľaháme tuhý sneh, potom pridáme práškový cukor a opäť vyšľaháme tuhý a lesklý sneh. Zložte zmes pomocou kovovej lyžice a položte na základňu, pričom vyrovnajte povrch. Pečte v predhriatej rúre pri teplote 160 °C/325 °F/plynová značka 3 počas 1,5 hodiny. Rúru vypneme a koláč necháme vychladnúť v rúre s pootvorenými dvierkami. Ochlaďte do tuha a vyberte z formy.

Na ozdobenie rozpustite čokoládu a maslo alebo margarín v žiaruvzdornej miske umiestnenej nad panvicou s vriacou vodou. Odstráňte z tepla a nechajte mierne vychladnúť, potom vmiešajte smotanu. Čokoládu na tortu vo formičkách premiešajte a ozdobte čerešňami.

Chocolate Fudge Gâteau

Urobí tortu 20 cm / 8

75 g / 3 oz / ¾ šálky čistej (polosladkej) čokolády, nasekanej

200 ml / 7 fl oz / málo 1 šálka mlieka

225 g / 8 uncí / 1 šálka tmavohnedého cukru

75 g / 3 oz / 1/3 šálky masla alebo margarínu, zmäknutého

2 vajcia, zľahka rozšľahané

2,5 ml / ½ ČL vanilkovej esencie (extrakt)

150 g / 5 uncí / 1 ¼ šálky hladkej múky (univerzálne)

25 g / 1 oz / ¼ šálky kakaového (nesladeného čokoládového) prášku

5 ml / 1 ČL sódy bikarbóny (jedlej sódy)

Na polevu (polevu):
100 g / 4 oz / 1 šálka hladkej čokolády (polosladkej)

100 g / 4 oz / ½ šálky masla alebo margarínu, zmäknutého

225 g / 8 uncí / 11/3 šálky práškového (cukrárskeho) cukru, preosiateho

Čokoládové vločky alebo kučery na ozdobenie

Čokoládu, mlieko a 75 g / 3 oz / 1/3 šálky cukru rozpustite v hrnci a nechajte mierne vychladnúť. Maslo a zvyšný cukor vyšľaháme do svetlej a nadýchanej hmoty. Postupne zašľaháme vajíčka a vanilkový extrakt, potom pridáme čokoládovú zmes. Jemne vmiešame múku, kakao a sódu bikarbónu. Zmes nalejte do dvoch vymastených a vystlaných 20 cm/8 sendvičových foriem a pečte v predhriatej rúre pri teplote 180 °C / 350 °F / plyn 4 počas 30 minút, kým na dotyk nezpružne. Necháme 3 minúty vychladnúť vo formách a potom vložíme do rúry na dochladenie.

Na prípravu polevy roztopte čokoládu v žiaruvzdornej miske nad hrncom s vriacou vodou. Maslo alebo margarín vyšľaháme s cukrom do peny a pridáme rozpustenú čokoládu. Torty obložíme tretinou polevy a zvyškom potrieme vrch a boky torty. Vrch ozdobte rozdrobenými vločkami alebo urobte kučery zoškrabaním ostrého noža po boku tyčinky.

Carob Mint Gâteau

Urobí tortu 20 cm / 8

3 vajcia

50 g / 2 oz / ¼ šálky práškového cukru (veľmi jemný)

75 g / 3 unce / 1/3 šálky samokyprijúcej múky (samokysnúca)

25 g / 1 oz / ¼ šálky karobového prášku

150 ml / ¼ pt / 2/3 šálky hustej smotany

Niekoľko kvapiek mätovej esencie (extraktu)

50 g / 2 oz / ½ šálky nasekaných zmiešaných orechov

Vajcia šľaháme, kým nie sú číre. Pridajte cukor a pokračujte, kým zmes nie je svetlá a krémová a neuvoľníme metličku na pásiky. Môže to trvať 15 až 20 minút. Múku a karobový prášok zmiešame a vmiešame do vaječnej zmesi. Nalejte do dvoch vymastených a vystlaných tortových foriem s priemerom 20 cm / 18 cm a pečte v predhriatej rúre pri teplote 180 °C / 350 °F / plyn číslo 4 počas 15 minút, kým nie sú na dotyk pružné. Chladný.

Smotanu vyšľaháme do mäkka, pridáme esenciu a orechy. Každý koláč rozrežte vodorovne na polovicu a položte všetky koláče spolu s kyslou smotanou.

Dort s ľadovou kávou

Urobí tortu 18 cm / 7

225 g / 8 uncí / 1 šálka masla alebo margarínu

100 g / 4 oz / ½ šálky práškového cukru (veľmi jemný)

2 vajcia, zľahka rozšľahané

100 g / 4 oz / 1 šálka samokysnúcej múky (samokysnúca)

Trochu soli

30 ml / 2 polievkové lyžice kávovej esencie (extrakt)

100 g / 4 oz / 1 šálka lúpaných mandlí (v plátkoch)

225 g / 8 uncí / 11/3 šálky práškového (cukrárskeho) cukru, preosiateho

Polovicu masla alebo margarínu a práškový cukor vyšľaháme do svetlej a nadýchanej hmoty. Postupne pridávame vajcia, pridáme múku, soľ a 15 ml / 1 polievková lyžica kávovej esencie. Zmes nalejte do dvoch vymastených a vystlaných chlebíčkových foriem s priemerom 18 cm / 7 cm a pečte v predhriatej rúre pri teplote 180 °C / 350 °F / plyn 4 počas 25 minút, kým nie sú pevné na dotyk. Necháme vychladnúť. Umiestnite mandle na suchú panvicu (panvicu) a vložte do strednej rúry, pričom panvicou neustále trasiete, až kým nie sú zlatohnedé.

Zvyšné maslo alebo margarín vyšľaháme do nadýchanej hmoty a postupne pridávame práškový cukor a zvyšnú kávovú esenciu, kým nezískame roztierateľnú konzistenciu. Torty obložíme jednou tretinou polevy (poleva). Zvyšnou polovicou polevy natrieme boky torty a do polevy vtlačíme opražené mandle. Zvyšok rozotrieme na koláč a vidličkou narysujeme vzory.

Káva a orech Ring Gâteau

Urobí tortu 23 cm / 9

Na tortu:

15 ml / 1 polievková lyžica instantnej kávy v prášku

15 ml / 1 polievková lyžica mlieka

100 g / 4 oz / 1 šálka samokysnúcej múky (samokysnúca)

5 ml / 1 ČL prášku do pečiva

100 g / 4 oz / ½ šálky masla alebo margarínu, zmäknutého

100 g / 4 oz / ½ šálky práškového cukru (veľmi jemný)

2 vajcia, zľahka rozšľahané

Na náplň:

45 ml / 3 lyžice marhuľového džemu (zaváranie), preosiateho (prepasírovaného)

15 ml / 1 polievková lyžica vody

10 ml / 2 čajové lyžičky instantnej kávy v prášku

30 ml / 2 polievkové lyžice mlieka

100 g / 4 unce / 2/3 šálky práškového (cukrárskeho) cukru, preosiateho

50 g / 2 oz / ¼ šálky masla alebo margarínu, zmäkčeného

50 g / 2 oz / ½ šálky vlašských orechov, nasekaných

Na polevu (polevu):

30 ml / 2 polievkové lyžice instantnej kávy v prášku

90 ml / 6 polievkových lyžíc mlieka

450 g / 1 lb / 22/3 šálky cukrárskeho (cukrárskeho) cukru, preosiateho

50 g / 2 oz / ¼ šálky masla alebo margarínu

Niekoľko polovíc vlašských orechov na ozdobenie

Na prípravu koláča rozpustite kávu v mlieku, zmiešajte so zvyšnými prísadami na koláč a šľahajte, kým sa všetko dobre nepremieša. Nalejte do vymastenej 23 cm / 9 kruhovej formy (rúrkovej formy) a pečte v predhriatej rúre pri teplote 160 °C / 325 °F / plynová značka 3 počas 40 minút, kým na dotyk nie sú pružné. Ochlaďte na panvici 5 minút a potom položte na mriežku, aby sa chladenie dokončilo. Koláč rozrežte vodorovne na polovicu.

Na prípravu náplne zohrejte džem a vodu do hladka a potom potrite rezné plochy koláča. Kávu rozpustíme v mlieku, primiešame práškový cukor s maslom alebo margarínom a orechmi a šľaháme, kým nezískame roztierateľnú konzistenciu. Obidve polovice koláča obložte plnkou.

Na prípravu polevy rozpustite kávu v mlieku v žiaruvzdornej miske umiestnenej nad panvicou s vriacou vodou. Pridajte práškový cukor a maslo alebo margarín a šľahajte do hladka. Odstráňte z tepla a za občasného prešľahania nechajte vychladnúť a zhustnite na konzistenciu povlaku. Polevu položíme na tortu, ozdobíme polovicami vlašských orechov a necháme stuhnúť.

Čokoládové gâteau a dánsky puding

Urobí tortu 23 cm / 9

4 samostatné vajcia

175 g / 6 uncí / 1 šálka práškového (cukrárskeho) cukru, preosiateho

Nastrúhaná kôra z ½ citróna

60 g / 2½ unce / 2/3 šálky hladkej múky (univerzálne)

60 g / 2½ unce / 2/3 šálky zemiakovej múky

2,5 ml / ½ lyžičky prášku do pečiva

Na náplň:

45 ml / 3 lyžice krupicového cukru (veľmi jemný)

15 ml / 1 polievková lyžica kukuričnej múky (kukuričný škrob)

300 ml / ½ pt / 1¼ šálky mlieka

3 rozšľahané vaječné žĺtky

50 g / 2 oz / ½ šálky nasekaných zmiešaných orechov

150 ml / ¼ pt / 2/3 šálky dvojitej smotany (ťažkej)

Na strechu:

100 g / 4 oz / 1 šálka hladkej čokolády (polosladkej)

30 ml / 2 polievkové lyžice dvojitej smotany (ťažkej)

25 g / 1 oz / ¼ šálky bielej čokolády, strúhanej alebo nakrájanej na kučery

Vaječné žĺtky vyšľaháme v práškovom cukre a citrónovej kôre. Spojte múku a drožďie. Z bielkov vyšľaháme tuhý sneh a kovovou lyžičkou ich vmiešame do zmesi. Nalejte do vymastenej a vysypanej tortovej formy s priemerom 23 cm / 9 a pečte v predhriatej rúre pri teplote 190 °C / 375 °F / plyn 5 20 minút, kým nie sú zlatohnedé a pružné na dotyk. Ochlaďte na panvici 5 minút a potom položte na mriežku, aby sa chladenie dokončilo. Koláč rozrežte vodorovne na tri vrstvy.

Na prípravu plnky šľaháme cukor a kukuričný škrob, kým sa nám nevytvorí pasta s trochou mlieka. Zvyšné mlieko priveďte do varu, zalejte zmesou kukuričného škrobu a dobre premiešajte. Vráťte sa na opláchnutú panvicu a na veľmi miernom ohni neustále miešajte, kým krém nezhustne. Vaječné žĺtky šľaháme na veľmi miernom ohni bez toho, aby sme nechali zovrieť smotanu. Necháme trochu vychladnúť a pridáme vlašské orechy. Smotanu vyšľaháme dotuha a vmiešame do krému. Vrstvy zložíme spolu s krémom.

Na prípravu polevy roztopte čokoládu so smotanou v žiaruvzdornej miske umiestnenej nad panvicou s vriacou vodou. Natrieme na koláč a ozdobíme strúhanou bielou čokoládou.

ovocný koláč

Urobí tortu 20 cm / 8

1 jablko na varenie (koláč), ošúpané, zbavené jadrovníkov a nakrájané na kocky

25 g / 1 oz / ¼ šálky sušených fíg, nasekaných

25 g / 1 oz / ¼ šálky hrozienok

75 g / 3 oz / 1/3 šálky masla alebo margarínu, zmäknutého

2 vajcia

175 g / 6 uncí / 1 ½ šálky celozrnnej múky (celozrnná)

5 ml / 1 ČL prášku do pečiva

30 ml / 2 polievkové lyžice odstredeného mlieka

15 ml / 1 polievková lyžica želatíny

30 ml / 2 polievkové lyžice vody

400 g / 14 oz / 1 veľká konzerva nakrájaný ananás, scedený

300 ml / ½ pt / 1¼ šálky čerstvého syra

150 ml / ¼ pt / 2/3 šálky hustej smotany

Zmiešajte jablko, figy, hrozienka a maslo alebo margarín. Pridajte vajcia. Zmiešajte múku, prášok do pečiva a toľko mlieka, aby ste vytvorili hladkú zmes. Vylejeme do vymastenej tortovej formy s priemerom 20 cm / 8 a pečieme v predhriatej rúre pri teplote 180 °C / 350 °F / plyn 4 počas 30 minút, kým nie sú pevné na dotyk. Vyberieme z formy a necháme vychladnúť na mriežke.

Na prípravu plnky posypte želatínu vodou v malej miske a nechajte z nej vytvoriť špongiu. Vložte misku do panvice s horúcou vodou a nechajte ju rozpustiť. Necháme trochu vychladnúť. Pridajte ananás, čerstvý syr a smotanu a dajte do chladničky, kým stuhne. Tortu vodorovne prekrojíme na polovicu a obložíme krémom.

ovocný savarín

Urobí tortu 20 cm / 8

15 g / ½ oz čerstvého droždia alebo 20 ml / 4 lyžičky sušeného droždia

45 ml / 3 lyžice teplého mlieka

100 g / 4 oz / 1 šálka hladkej pevnej múky (chlieb)

Trochu soli

5 ml / 1 čajová lyžička cukru

2 rozšľahané vajcia

50 g / 2 oz / ¼ šálky masla alebo margarínu, zmäkčeného

Na sirup:
225 g / 8 uncí / 1 šálka práškového cukru (veľmi jemný)

300 ml / ½ pt / 1 ¼ šálky vody

45 ml / 3 lyžice Kirsch

Na náplň:
2 banány

100 g / 4 oz jahôd, nakrájaných na plátky

100 g malín

Droždie rozšľaháme s mliekom a pridáme 15 ml / 1 polievkovú lyžicu múky. Necháme postáť do peny. Pridáme zvyšnú múku, soľ, cukor, vajcia a maslo a vyšľaháme do hladka. Preložíme do vymastenej a múkou vysypanej 20 cm / 8 lyžíc v savarínovej alebo kruhovej forme (rúrový plech) a necháme na teplom mieste asi 45 minút, kým zmes nedosiahne takmer vrch formy. Pečieme v predhriatej rúre 30 minút dozlatista a nezmršťuje sa po stranách formy. Vyklopíme na mriežku nad podnosom a všetko prepichneme špajdľou.

Kým sa savarín varí, pripravte si sirup. Na miernom ohni za občasného miešania rozpustíme cukor vo vode. Priveďte do varu a varte bez miešania 5 minút, kým nezíska sirup. Pridajte čerešňu. Horúcim sirupom nalejte savarín do nasýtenia. Necháme vychladnúť.

Banány nakrájame na tenké plátky a zmiešame s ostatným ovocím a sirupom, ktorý odkvapkáme na tácku. Položte savarin na tanier a pred podávaním položte ovocie do stredu.

Perníková torta

Urobí tortu 18 cm / 7

100 g / 4 oz / 1 šálka samokysnúcej múky (samokysnúca)

5 ml / 1 ČL prášku do pečiva

100 g / 4 oz / ½ šálky masla alebo margarínu, zmäknutého

100 g / 4 oz / ½ šálky práškového cukru (veľmi jemný)

2 vajcia

Na plnenie a dekoráciu:

150 ml / ¼ pt / 2/3 šálky šľahačky alebo dvojitej smotany (ťažká)

100 g / 4 oz / 1/3 šálky zázvorového džemu

4 perníčky (sušienky), rozdrvené

Pár kúskov kandizovaného (kandizovaného) zázvoru

Šľahajte všetky ingrediencie koláča, kým sa dobre nezmiešajú. Nalejte do dvoch vymastených a vystlaných formičiek na pečenie s priemerom 18 cm / 7 cm a pečte v predhriatej rúre pri teplote 160 °C / 325 °F / plyn číslo 3 počas 25 minút, kým nebudú zlatohnedé a pružné na dotyk. Nechajte 5 minút vychladnúť vo formách a potom vložte do rúry na dochladenie. Každý koláč rozrežte vodorovne na polovicu.

Na prípravu plnky vyšľaháme smotanu do tuha. Základnú vrstvu jedného koláča potrieme polovicou marmelády a na vrch položíme druhú vrstvu. Natrieme polovicu krému a prikryjeme ďalšou vrstvou. Potrieme zvyškom marmelády a prikryjeme poslednou vrstvou. Vrch natrieme zvyšným krémom a ozdobíme strúhankou zo sušienok a kandizovaným zázvorom.

Grape and Peach Gâteau

Urobí tortu 20 cm / 8

4 vajcia

100 g / 4 oz / ½ šálky práškového cukru (veľmi jemný)

75 g / 6 uncí / 1 ½ šálky hladkej múky (univerzálne)

Trochu soli

Na plnenie a dekoráciu:

100 g / 14 oz / 1 veľká konzerva broskýň

450 ml / ¾ pt / 2 šálky dvojitej smotany (ťažkej)

50 g / 2 oz / ¼ šálky práškového cukru (veľmi jemný)

Pár kvapiek vanilkovej esencie (extrakt)

100 g / 4 oz / 1 šálka lieskových orechov, nasekaných

100 g / 4 oz hrozna bez jadierok (bez jadierok)

Vetvička čerstvej mäty

Vajcia a cukor šľaháme, kým nezískame hustú, svetlú zmes a cesto necháme na pásiky. Preosejte múku a soľ a jemne premiešajte, kým sa nezapracuje. Lyžicou preložíme do vymastenej a vysypanej tortovej formy s priemerom 20 cm (pekáč) a pečieme v predhriatej rúre pri teplote 180 °C / 350 °F / plyn 4 počas 30 minút, kým špáradlo zapichnuté do stredu nevyjde. čisté. Ochlaďte na panvici 5 minút a potom položte na mriežku, aby sa chladenie dokončilo. Koláč rozrežte vodorovne na polovicu.

Broskyne scedíme a necháme si 90 ml / 6 polievkových lyžíc sirupu. Polovicu broskýň nakrájajte na tenké plátky a zvyšok nakrájajte. Smotanu vyšľaháme s cukrom a vanilkovou esenciou do tuha. Polovicu krému natrieme na spodnú vrstvu torty, posypeme nasekanými broskyňami a nahradíme vrch torty. Zvyšný krém natrieme po bokoch a po koláči. Po stranách roztlačíme nasekané vlašské orechy. Poukladajte nakrájané broskyne okolo okraja koláča a hrozno do stredu. Ozdobte vetvičkou mäty.

Lemon Gateau

Urobí tortu 18 cm / 7

Na tortu:

100 g / 4 oz / ½ šálky masla alebo margarínu, zmäknutého

100 g / 4 oz / ½ šálky práškového cukru (veľmi jemný)

2 vajcia, zľahka rozšľahané

100 g / 4 oz / 1 šálka samokysnúcej múky (samokysnúca)

Trochu soli

Nastrúhaná kôra a šťava z 1 citróna

Na polevu (polevu):

100 g / 4 oz / ½ šálky masla alebo margarínu, zmäknutého

225 g / 8 uncí / 11/3 šálky práškového (cukrárskeho) cukru, preosiateho

100 g / 4 oz / 1/3 šálky citrónového tvarohu

Krycie kvety na dekoráciu

Na prípravu koláča vyšľahajte maslo alebo margarín s cukrom, kým nebude svetlý a nadýchaný. Pomaly pridajte vajcia a potom pridajte múku, soľ a citrónovú kôru. Zmes nalejte do dvoch vymastených a vystlaných chlebíčkových foriem s priemerom 18 cm / 7 cm a pečte v predhriatej rúre pri teplote 180 °C / 350 °F / plyn 4 počas 25 minút, kým nie sú pevné na dotyk. Necháme vychladnúť.

Na prípravu polevy vyšľaháme maslo alebo margarín do nadýchanej konzistencie, potom pridáme práškový cukor a citrónovú šťavu do roztierateľnej konzistencie. Koláčiky obložte citrónovým tvarohom a natrite tri štvrtiny polevy na vrch a boky koláča a popichajte vidličkou do vzorov. Umiestnite zvyšok polevy do vrecka s hviezdicovým hrotom (špičkou) a rúrkovými rozetami okolo vrchu koláča. Ozdobte polevou kvietkami.

Hnedá brána

Urobí tortu 25 cm / 10

425 g / 15 oz / 1 veľká plechovka gaštanového pyré

6 vajec, oddelených

5 ml / 1 ČL vanilkovej esencie (extrakt)

5 ml / 1 ČL škoricového prášku

350 g / 12 uncí / 2 šálky práškového (cukrárskeho) cukru, preosiateho

100 g / 4 oz / 1 šálka hladkej múky (univerzálne)

5 ml / 1 lyžička želatínového prášku

30 ml / 2 polievkové lyžice vody

15 ml / 1 polievková lyžica rumu

300 ml / ½ bodu / 1¼ šálky dvojitej smotany (ťažkej)

90 ml / 6 lyžíc marhuľového džemu (zaváranie), preosiateho (prepasírovaného)

30 ml / 2 polievkové lyžice vody

450 g / 1 lb / 4 šálky hladkej (polosladkej) čokolády nalámanej na kúsky

100 g / 4 oz mandľová pasta

30 ml / 2 polievkové lyžice nasekaných pistácií

Preosejte gaštanové pyré a vymiešajte do hladka, potom rozdeľte na polovicu. Zmiešajte polovicu so žĺtkami, vanilkovou esenciou, škoricou a 50 g / 2 oz / 1/3 šálky práškového cukru. Z bielkov vyšľaháme tuhý sneh, potom postupne zašľaháme 6 uncí / 175 g / 1 šálka práškového cukru, kým zmes nevytvorí tuhé vrcholy. Pridajte do zmesi vaječných žĺtkov a gaštanov. Pridáme múku a dáme do vymastenej a vysypanej tortovej formy s priemerom 25 cm / 10 cm (pekáč). Pečieme v predhriatej rúre pri teplote 180

°C/350 °F/plyn číslo 4 počas 45 minút, kým nie sú mäkké na dotyk. Necháme vychladnúť, prikryjeme a necháme cez noc.

Želatínu posypte vodou v miske a nechajte, kým nebude špongiová. Vložte misku do panvice s horúcou vodou a nechajte ju rozpustiť. Necháme trochu vychladnúť. Zvyšné gaštanové pyré zmiešame so zvyšným práškovým cukrom a rumom. Smotanu vyšľaháme dotuha a vmiešame do pyré s rozpustenou želatínou. Tortu vodorovne rozrežte na tretiny a z gaštanového pyré urobte sendvič. Okraje orežte a dajte na 30 minút do chladničky.

Džem uvaríme s vodou, kým sa dobre nerozmieša a potrieme vrch a boky koláča. Čokoládu rozpustíme v žiaruvzdornej miske nad panvicou s vriacou vodou. Mandľovú pastu vytvarujte do 16 gaštanových tvarov. Základ namáčame v rozpustenej čokoláde a potom v pistáciových orieškoch. Vrch a boky torty natrieme zvyšnou čokoládou a povrch uhladíme stierkou. Gaštany v mandľovej paste poukladajte na okraj, kým je čokoláda ešte horúca, a rozdeľte na 16 plátkov. Necháme vychladnúť a stuhnúť.

millefeuille

Urobí tortu 23 cm / 9

Lístkové cesto 225 g / 8 oz

150 ml / ¼ pt / 2/3 šálky dvojitej (ťažkej) alebo smotany na šľahanie

45 ml / 3 lyžice malinového džemu (konzerva)

Práškový cukor, preosiaty

Cesto (pasta) rozvaľkáme na hrúbku asi 3 mm / 1/8 a rozrežeme na tri rovnaké obdĺžniky. Položte na vlhký plech na pečenie (sušienok) a pečte v predhriatej rúre pri teplote 200 °C / 400 °F / plyn číslo 6 počas 10 minút do zlatista. Necháme vychladnúť na mriežke. Smotanu vyšľaháme dotuha. Na dva obdĺžniky cesta natrieme džem. Obdĺžniky obložíme krémom a prikryjeme zvyšným krémom. Podávame posypané práškovým cukrom.

Orange Gateau

Urobí tortu 18 cm / 7

225 g / 8 oz / 1 šálka masla alebo margarínu, zmäknutého

100 g / 4 oz / ½ šálky práškového cukru (veľmi jemný)

2 vajcia, zľahka rozšľahané

100 g / 4 oz / 1 šálka samokysnúcej múky (samokysnúca)

Trochu soli

Nastrúhaná kôra a šťava z 1 pomaranča

225 g / 8 uncí / 11/3 šálky práškového (cukrárskeho) cukru, preosiateho

Glacé plátky pomaranča (kandizované) na ozdobenie

Polovicu masla alebo margarínu a práškový cukor vyšľaháme do svetlej a nadýchanej hmoty. Postupne pridávame vajcia a potom pridáme múku, soľ a pomarančovú kôru. Zmes nalejte do dvoch vymastených a vystlaných chlebíčkových foriem s priemerom 18 cm / 7 cm a pečte v predhriatej rúre pri teplote 180 °C / 350 °F / plyn 4 počas 25 minút, kým nie sú pevné na dotyk. Necháme vychladnúť.

Zvyšné maslo alebo margarín vyšľaháme do nadýchanej hmoty, potom pridáme práškový cukor a pomarančovú šťavu do roztierateľnej konzistencie. Torty obložte jednou tretinou polevy (poleva) a zvyškom rozotrite vrch a boky torty a napichajte vidličkou do vzorov. Ozdobte glazovanými plátkami pomaranča.

Štvorvrstvová pomarančová marmeláda Gâteau

Urobí tortu 23 cm / 9

Na tortu:

200 ml / 7 fl oz / málo 1 šálka vody

25 g / 1 oz / 2 lyžice masla alebo margarínu

4 vajcia, zľahka rozšľahané

300 g / 11 oz / 11/3 šálky práškového cukru (veľmi jemný)

5 ml / 1 ČL vanilkovej esencie (extrakt)

300 g / 11 oz / 2¾ šálky hladkej múky (univerzálne)

10 ml / 2 ČL prášku do pečiva

Trochu soli

Na náplň:

30 ml / 2 lyžice hladkej múky (univerzálne)

30 ml / 2 lyžice kukuričnej múky (kukuričný škrob)

15 ml / 1 polievková lyžica krupicového cukru (veľmi jemný)

2 oddelené vajcia

450 ml / ¾ pt / 2 šálky mlieka

5 ml / 1 ČL vanilkovej esencie (extrakt)

120 ml / 4 fl oz / ½ šálky sladkého sherry

175 g / 6 oz / ½ šálky pomarančovej marmelády

120 ml / 4 fl oz / ½ šálky dvojitej smotany (ťažkej)

100 g / 4 oz arašidy krehké, drvené

Na prípravu koláča priveďte do varu vodu s maslom alebo margarínom. Vajcia šľahajte s cukrom, kým nezískate svetlý a napenený krém, potom pokračujte v šľahaní, kým nezískate veľmi svetlú zmes. Pridajte vanilkovú esenciu, prisypte múku, droždie a soľ a pridajte maslo, aby ste prevarili s vodou. Miešajte, kým sa dobre nezmieša. Nalejte do dvoch vymastených a múkou vysypaných 23 cm / 9 formičiek na pečenie a pečte v predhriatej rúre pri teplote 180 °C / 350 °F / plyn číslo 4 25 minút, kým nebudú zlatisté a elastické na dotyk. Necháme 3 minúty vychladnúť vo formách a potom vložíme do rúry na dochladenie. Každý koláč rozrežte vodorovne na polovicu.

Na prípravu plnky zmiešajte múku, kukuričný škrob, cukor a žĺtky, kým s trochou mlieka nevytvoríte pastu. Zvyšné mlieko privedieme do varu v hrnci, vlejeme do zmesi a vyšľaháme do hladka. Vráťte sa na opláchnutú panvicu a na miernom ohni priveďte do varu za stáleho miešania, kým nezhustne. Odstráňte z ohňa a pridajte vanilkovú esenciu, potom nechajte mierne vychladnúť. Z bielkov vyšľaháme tuhý sneh, potom vmiešame.

Štyri vrstvy torty posypeme sherry, tri potrieme džemom a na vrch natrieme krém. Vrstvy spojte do štvorvrstvového sendviča. Smotanu vyšľaháme dotuha a nalejeme na koláč. Posypeme arašidovým krehkým.

Pecan and Date Gateau

Urobí tortu 23 cm / 9

Na tortu:

250 ml / 8 fl oz / 1 šálka vriacej vody

450 g / 1 lb / 2 šálky vykôstkovaných datlí (vykôstkovaných), nakrájaných nadrobno

2,5 ml / ½ lyžičky sódy bikarbóny (jedlej sódy)

225 g / 8 oz / 1 šálka masla alebo magarínu, zmäknutého

225 g / 8 uncí / 1 šálka práškového cukru (veľmi jemný)

3 vajcia

100 g / 4 oz / 1 šálka nasekaných pekanových orechov

5 ml / 1 ČL vanilkovej esencie (extrakt)

350 g / 12 oz / 3 šálky hladkej múky (univerzálne)

10 ml / 2 ČL mletej škorice

5 ml / 1 ČL prášku do pečiva

Na polevu (polevu):

120 ml / 4 fl oz / ½ šálky vody

30 ml / 2 lyžice kakaového prášku (čokoláda bez cukru).

10 ml / 2 čajové lyžičky instantnej kávy v prášku

100 g / 4 oz / ½ šálky masla alebo margarínu

400 g / 14 uncí / 21/3 šálky práškového (cukrárskeho) cukru, preosiateho

50 g / 2 oz / ½ šálky pekanových orechov, jemne nasekaných

Na prípravu koláča zalejte vriacou vodou datle a sódu bikarbónu a nechajte odstáť, kým nevychladnú. Maslo alebo margarín a rafinovaný cukor vyšľaháme, kým nebudú svetlé a nadýchané. Postupne pridávame vajíčka a pridávame orechy, vanilkovú esenciu a datle. Zmiešajte múku, škoricu a prášok do pečiva. Nalejte do dvoch vymastených 23 cm / 9 sendvičových foriem (pekáčov) a pečte v predhriatej rúre pri teplote 180 °C / 350 °F / plyn 4 počas 30 minút, kým na dotyk nie sú pružné. Vyklopte na mriežku, aby vychladla.

Na prípravu polevy varte vodu, kakao a kávu v malom hrnci, kým nezískate hustý sirup. Necháme vychladnúť. Maslo alebo margarín a práškový cukor vyšľaháme do nadýchanej hmoty a pridáme sirup. Koláčiky obložte tretinou polevy. Zvyšnou polovicou polevy natrieme boky torty a vtlačíme nasekané vlašské orechy. Väčšinu zvyšnej polevy rozotrieme navrch a nanesieme niekoľko ružíc polevy.

Gâteau zo sliviek a škorice

Urobí tortu 23 cm / 9

350 g / 12 oz / 1 ½ šálky masla alebo margarínu, zmäknutého

175 g / 6 oz / ¾ šálky práškového cukru (veľmi jemného)

3 vajcia

150 g / 5 uncí / 1 ¼ šálky samokysnúcej múky (samokysnúca)

5 ml / 1 ČL prášku do pečiva

5 ml / 1 ČL škoricového prášku

350 g / 12 uncí / 2 šálky práškového (cukrárskeho) cukru, preosiateho

5 ml / 1 ČL najemno nastrúhanej pomarančovej kôry

100 g / 4 oz / 1 šálka lieskových orechov, nahrubo mletých

300 g / 11 oz / 1 stredne veľké zavárané slivky, scedené

Polovicu masla alebo margarínu a práškový cukor vyšľaháme do svetlej a nadýchanej hmoty. Postupne zašľaháme vajíčka a potom pridáme múku, prášok do pečiva a škoricu. Lyžicou preložíme do vymastenej a vysypanej štvorcovej formy 23 cm / 9 a pečieme v predhriatej rúre pri teplote 180 °C / 350 °F / plyn 4 počas 40 minút, kým špáradlo zapichnuté do stredu nevyjde čisté. Odstráňte z formy a nechajte vychladnúť.

Zvyšné maslo alebo margarín vyšľaháme do nadýchanej hmoty, potom vmiešame práškový cukor a nastrúhanú pomarančovú kôru. Tortu rozrežte vodorovne na polovicu a potom obe polovice obložte dvoma tretinami polevy. Väčšinu zvyšnej polevy rozotrieme na vrch a boky torty. Do bokov torty vtlačíme vlašské orechy a navrch atraktívne poukladáme slivky. Zvyšnú polevu ozdobne obtočte okolo horného okraja torty.

Prune Layer Gateau

Urobí tortu 25 cm / 10

Na tortu:

225 g / 8 uncí / 1 šálka masla alebo margarínu

300 g / 10 oz / 2 ¼ šálky práškového cukru (veľmi jemný)

3 vajcia, oddelené

450 g / 1 lb / 4 šálky hladkej múky (univerzálne)

5 ml / 1 ČL prášku do pečiva

5 ml / 1 ČL sódy bikarbóny (jedlej sódy)

5 ml / 1 ČL škoricového prášku

5 ml / 1 lyžička strúhaného muškátového oriešku

2,5 ml / ½ lyžičky mletých klinčekov

Trochu soli

250 ml / 8 fl oz / 1 šálka obyčajného krému (svetlého)

225 g / 8 oz / 11/3 šálky vykôstkovaných (vykôstkovaných) dusených sliviek, nakrájaných nadrobno

Na náplň:

250 ml / 8 fl oz / 1 šálka obyčajného krému (svetlého)

100 g / 4 oz / ½ šálky práškového cukru (veľmi jemný)

3 žĺtky

225 g / 8 oz / 11/3 šálky varených sliviek bez kôstky (vykôstkované)

30 ml / 2 lyžice strúhanej pomarančovej kôry

5 ml / 1 ČL vanilkovej esencie (extrakt)

50 g / 2 oz / ½ šálky nasekaných zmiešaných orechov

Na prípravu koláča vyšľaháme maslo alebo margarín a cukor. Postupne pridávame žĺtky a pridávame múku, prášok do pečiva, sódu bikarbónu, korenie a soľ. Pridajte smotanu a sušené slivky. Z bielkov vyšľaháme tuhý sneh a vmiešame ho do zmesi. Nalejte do troch vymastených a múkou vysypaných 25 cm/10 formičiek na pečenie (pekáčov) a vložte do predhriatej rúry na 180 °C / 350 °F / plyn číslo 4 na 25 minút, kým dobre nevykysnú a nie sú elastické na dotyk. Necháme vychladnúť.

Zmiešajte všetky ingrediencie plnky okrem orechov, kým sa dobre nezmiešajú. Vložte do hrnca a za stáleho miešania varte na miernom ohni do zhustnutia. Tretinu plnky natrieme na základ torty a posypeme tretinou orechov. Navrch položte druhý koláč a navrch dajte polovicu zvyšnej polevy a polovicu zvyšných orechov. Navrch položíme konečný koláč a potrieme zvyškom polevy a orieškami.

torta s dúhovými pruhmi

Urobí tortu 18 cm / 7

Na tortu:

100 g / 4 oz / ½ šálky masla alebo margarínu, zmäknutého

225 g / 8 uncí / 1 šálka práškového cukru (veľmi jemný)

3 vajcia, oddelené

225 g / 8 uncí / 2 šálky hladkej múky (univerzálne)

Trochu soli

120 ml / 4 fl oz / ½ šálky mlieka plus trochu viac

5 ml / 1 ČL tatarského krému

2,5 ml / ½ lyžičky sódy bikarbóny (jedlej sódy)

Niekoľko kvapiek citrónovej esencie (extrakt)

Pár kvapiek červeného potravinárskeho farbiva

10 ml / 2 ČL kakaového (nesladeného čokoládového) prášku

Na plnku a polevu (polevu):

225 g / 8 uncí / 11/3 šálky práškového (cukrárskeho) cukru, preosiateho

50 g / 2 oz / ¼ šálky masla alebo margarínu, zmäkčeného

10 ml / 2 čajové lyžičky horúcej vody

5 ml / 1 čajová lyžička mlieka

2,5 ml / ½ ČL vanilkovej esencie (extrakt)

Farebné cukrové nite na ozdobenie

Na prípravu koláča vyšľahajte maslo alebo margarín s cukrom, kým nebude svetlý a nadýchaný. Po troškách pridávame žĺtky, striedavo s mliekom pridávame múku a soľ. Smotanu z vínneho kameňa a sódy bikarbóny zmiešame s trochou mlieka navyše a pridáme k zmesi. Z bielkov vyšľaháme tuhý sneh a kovovou lyžičkou ich vmiešame do zmesi. Rozdeľte zmes na tri rovnaké časti. Zmiešajte citrónovú esenciu v prvej miske, červené potravinárske farbivo v druhej miske a kakao v tretej miske. Zmesi nalejte do vymastených a vystlaných tortových foriem s priemerom 18 cm / 7 a pečte v predhriatej rúre pri teplote 180 °C / 350 °F / plyn 4 počas 25 minút, kým nie sú zlatisté a elastické na dotyk. Nechajte 5 minút vychladnúť vo formách a potom vložte do rúry na dochladenie.

Ak chcete pripraviť polevu, vložte práškový cukor do misky a v strede vytvorte jamku. Postupne pridávame maslo alebo margarín, vodu, mlieko a vanilkovú esenciu, kým nezískame roztierateľnú zmes. Koláčiky obložte tretinou zmesi a zvyškom rozložte vrch a boky koláča, pričom povrch zdrsnite vidličkou. Vrch posypeme farebnými cukrovými niťami.

Gateau St-Honoré

Urobí tortu 25 cm / 10

                       Pre choux pečivo (pasta):

50 g / 2 oz / ¼ šálky nesoleného masla (sladkého) alebo margarínu

150 ml / ¼ pt / 2/3 šálky mlieka

Trochu soli

50 g / 2 oz / ½ šálky hladkej múky (univerzálne)

2 vajcia, zľahka rozšľahané

Lístkové cesto 225 g / 8 oz

1 žĺtok

                       Na karamel:

225 g / 6 oz / ¾ šálky práškového cukru (veľmi jemný)

90 ml / 6 polievkových lyžíc vody

                       Na plnenie a dekoráciu:

5 ml / 1 lyžička želatínového prášku

15 ml / 1 polievková lyžica vody

1 množstvo vanilkovej krémovej polevy

3 vaječné bielka

175 g / 6 oz / ¾ šálky práškového cukru (veľmi jemného)

90 ml / 6 polievkových lyžíc vody

Na prípravu choux cesta (pasta) rozpustite maslo s mliekom a soľou na miernom ohni. Priveďte rýchlo do varu, odstavte z ohňa a rýchlo pridajte múku a miešajte, kým sa cesto neodlepí od stien panvice. Nechajte mierne vychladnúť a postupne pridajte vajcia a pokračujte v šľahaní, kým nebudú hladké a lesklé.

Lístkové cesto rozvaľkáme na 26 cm / 10½ kruhu, položíme na vymastený plech a popicháme vidličkou. Cesto z choux premiestnite do vrecka so štandardným 1/2 cm hrotom a vytvarujte kruh okolo okraja lístkového cesta. Urobte druhý kruh v polovici smerom k stredu. Na samostatnom vymastenom plechu nastrúhajte zvyšné chouxové cesto na malé guľôčky. Všetko cesto potrieme žĺtkom a pečieme v predhriatej rúre pri teplote 220 °C / 425 °F / plyn číslo 7 12 minút na guľôčky z choux a 20 minút na základ dozlatista a nafúknutia.

Na prípravu karamelu rozpustite cukor vo vode a varte bez miešania asi 8 minút pri teplote 160 °C, kým nezískate svetlý karamel. Vonkajší krúžok po troškách potrite karamelom. Hornú polovicu guľôčok namočte do karamelu a pritlačte ich k vonkajšiemu prstencu cesta.

Na prípravu plnky posypte želatínu vodou v miske a nechajte z nej vytvarovať špongiu. Vložte misku do panvice s horúcou vodou a nechajte ju rozpustiť. Necháme trochu vychladnúť a pridáme vanilkový krém. Z bielkov vyšľaháme tuhý sneh. Medzitým uvarte cukor a vodu pri teplote 120 °C alebo kým kvapka studenej vody nevytvorí tvrdú guľu. Postupne zašľaháme sneh z bielkov, potom šľaháme do vychladnutia. Pridajte smotanu. Krém rozotrite do stredu torty a pred podávaním nechajte vychladnúť.

Strawberry Choux Gâteau

Urobí tortu 23 cm / 9

50 g / 2 oz / ¼ šálky masla alebo margarínu

150 ml / ¼ pt / 2/3 šálky vody

75 g / 3 oz / 1/3 šálky hladkej múky (univerzálne)

Trochu soli

2 vajcia, zľahka rozšľahané

50 g / 2 oz / 1/3 šálky práškového cukru, preosiateho

300 ml / ½ bodu / 1¼ šálky dvojitej smotany (ťažkej), šľahačky

Jahody 225 g / 8 oz, rozpolené

25 g / 1 oz / ¼ šálky lúpaných mandlí (v plátkoch)

Vložte maslo alebo margarín a vodu do hrnca a pomaly priveďte do varu. Odstráňte z ohňa a rýchlo pridajte múku a soľ. Postupne zašľaháme vajcia, kým sa cesto leskne a neodťahuje sa od stien panvice. Po lyžiciach ukladáme do kruhu na vymastený (sušienkový) plech, aby sme vytvorili kruhový koláč a pečieme v predhriatej rúre pri 220 °C / 425 °F / plyn číslo 7 30 minút do zlatista. Necháme vychladnúť. Koláč rozrežte vodorovne na polovicu. Do krému zašľaháme práškový cukor. Polovičky obložte smotanou, jahodami a mandľami.

www.ingramcontent.com/pod-product-compliance
Lightning Source LLC
Chambersburg PA
CBHW070424120526
44590CB00014B/1522